U0129390

中華民國之命運

勞 政 武 等著

全統會研究專刊

文史哲出版社印行

國家圖書館出版品預行編目資料

中華民國之命運 / 勞政武等著 -- 初版 --
臺北市：文史哲，民 109.06
　　頁；　公分
ISBN 978-986-314-515-8（平裝）

1.台灣政治 2.言論集

573.07　　　　　　　　　　　109008605

中華民國之命運

著　　者：勞　　政　　武　　等
出　版　者：文　史　哲　出　版　社
http://www.lapen.com.tw
e-mail：lapen@ms74.hinet.net
登記證字號：行政院新聞局版臺業字五三三七號
發　行　人：彭　　　正　　　雄
發　行　所：文　史　哲　出　版　社
印　刷　者：文　史　哲　出　版　社
臺北市羅斯福路一段七十二巷四號
郵政劃撥帳號：一六一八〇一七五
電話886-2-23511028・傳真886-2-23965656
聯　絡　處：台北市士林區忠誠路一段 147 巷 8 號 2 樓
聯　絡　人：吳　　　信　　　義
電　　話：(02)2833-0115　　0913572008

定價新臺幣二二〇元

二〇二〇年（民一〇九）七月初版

出版說明

　　中國全民民主統一會，今後將以「研究會」特質，持續發展。沒有政黨屬性，也沒有社會團體的束縛，是一群志同道合的友人，認同本會創會宗旨，共同追求：「促進和平統一中國，及實行三民主義全民民主，反對一切有害中華民族生存發展的意識政策及制度」。如此改進，不但更有意義，而且自然合法。

　　為適應當前情勢，我們堅持創會初衷，發揮實質功能。重點是：努力集結海內外仁人志士，揮舞如椽巨筆，義正辭嚴，對執政者之不公不義，口誅筆伐。清初大儒顧炎武有云：「天下興亡，匹夫有責」，我們今後益加關心國事、家事、天下事，乃情所必然、義所當為者！為實踐此情義，本會今後自應持續各項具體活動，如每月定期聚會、聘請學者專家講演，針對時事專題研究、聯誼餐聚、大陸參訪等。

　　本集所彙的是，勞政武與李興邦、沈遠蓬三位先生的政評大作。文章精彩，諸多好友乃建議，出版《全統會研究專刊》 —— 中華民國之命運。

　　本園地公開，竭誠歡迎有志一同友人，共襄盛舉，以便今後繼續彙集出版。誠如是，即永留正氣在世間了！

全統會會長**吳信義**

中華民國之命運

目　次

出版說明 ……………………………………… 吳信義 …… 1

〈全統會〉的革新與再起 ………………… 吳信義 …… 7

四十年來島內「台獨」與反「台獨」

　活動總檢 …………………………………… 勞政武 …… 11

　壹、早期的「台獨」活動 ……………………… 12

　貳、「黨外人士」時期的台獨活動 ………………… 14

　　一、中壢事件的鼓舞 ………………………… 15

　　二、中山堂事件 ── 「台獨」島內

　　　　公開活動之始 ………………………… 16

　　三、中泰賓館事件 ── 反「台獨」活動之始 ‥ 20

　　四、高雄事件 ………………………… 23

　　五、成功組黨的因素 ………………………… 24

　叁、民進黨成立後的「台獨」活動 ……………… 29

　　一、蔣經國的無奈與寬容 ………………… 29

　　二、李登輝栽培運用「台獨」 ……………… 32

　　三、民進黨的「台獨」論述之演進 …………… 41

　肆、「台灣主權」剖析 ………………………… 48

一、西方的主權（Sovereignty）理論來源 ⋯⋯49

二、依論析事 ⋯⋯⋯⋯⋯⋯⋯⋯⋯⋯⋯⋯50

三、兩岸現行憲法規定 ⋯⋯⋯⋯⋯⋯⋯53

伍、理性的回歸 ⋯⋯⋯⋯⋯⋯⋯⋯⋯⋯⋯54

一、個人回歸理性的例證 ⋯⋯⋯⋯⋯⋯55

二、群體回歸理性的例證 ⋯⋯⋯⋯⋯⋯62

三、「台獨」的根本錯誤 ⋯⋯⋯⋯⋯⋯63

陸、台灣價值 ⋯⋯⋯⋯⋯⋯⋯⋯⋯⋯⋯⋯65

一、「台灣價值」一詞的來源 ⋯⋯⋯⋯66

二、「價值」的複雜性 ⋯⋯⋯⋯⋯⋯⋯67

三、「台灣價值」的標準 ⋯⋯⋯⋯⋯⋯69

四、台灣的最高價值 ── 中華民族的

「民主試驗區」 ⋯⋯⋯⋯⋯⋯⋯⋯⋯74

國民黨何去何從 ⋯⋯⋯⋯⋯⋯⋯⋯勞政武 ⋯77

壹、前　言 ⋯⋯⋯⋯⋯⋯⋯⋯⋯⋯⋯⋯77

貳、「政略」目標分析 ⋯⋯⋯⋯⋯⋯⋯78

叄、如何證成國民黨此政略？ ⋯⋯⋯⋯79

肆、「新周朝」的建構 ⋯⋯⋯⋯⋯⋯⋯79

伍、危言建議 ⋯⋯⋯⋯⋯⋯⋯⋯⋯⋯⋯80

何謂「寧共毋獨」？ ⋯⋯⋯⋯⋯⋯勞政武 ⋯83

疑問與意見 ⋯⋯⋯⋯⋯⋯⋯⋯⋯⋯勞政武 ⋯87

壹、「馬克斯主義」的理想問題 ⋯⋯⋯87

貳、「中國共產黨」的本質與功能問題 ⋯⋯90

叄、「毛澤東思想」的功過問題 ⋯⋯⋯96

肆、「中華民國」存亡問題 ……………97

伍、「統一臺灣」問題 …………… 100

六、結 語 …………………… 102

《聯合報》副董事長覆函 …………… 黃 年・105

老子道德經是為人類導航的光明燈塔 ……… 李興邦・107

壹、道德經「小國寡民」經文被誤解 …… 107

貳、老子遵循自然崇尚樸素以智治國 ……… 109

叁、《老子「道「的思維與描述》 ……… 110

肆、老子的宇宙觀與基督教聖經 創世紀的相映・111

伍、《老子是和平主義者》 ……… 111

陸、禍莫於輕敵 —— 中華民族永不忘 …………… 112

淺論兩岸和統的趨向 ………………… 李興邦・117

壹、前 言 國父孫中山先生對現代中國的貢獻 117

貳、中華民國實體仍存在台灣 ………………… 118

叁、中華民國歷任總統催化獨台、台獨危哉…… 119

肆、西式民主的迷思、兩岸關係的惡化難回頭… 120

伍、兩岸關係的演化 ………………… 122

陸、中國歷史上偏安政權生存困難 …………… 123

柒、依中國歷史兩岸必定統一是鐵律 …………… 124

捌、結 語 以戰逼和之實相必然發生………… 126

二二八事件我見我聞 童年痛苦記憶 ……… 李興邦・129

壹、前 言 二二八事件略述 ………………… 129

貳、童年來台之憶 ………………… 130

叁、老父幸運存活：因果論是存在 …………… 131

肆、陳儀是清廉官員、上海辦事處徵才
　　對台重建有功 …………………………… 133

伍、堂哥李增毅臨時被派擔任干城營房營長 …… 134

陸、堂哥李增毅被謝雪紅二七部隊俘擄 ──
　　遇到貴人 ………………………………… 134

柒、中共已承認領導二二八事件 ………………… 136

捌、蔣公是二二八事件元兇是羞辱蔣公之詞 …… 137

玖、民進黨操弄二二八事件獲益執政 ………… 138

拾、轉型正義應還蔣公、陳儀公道 …………… 138

拾壹、執政者放大格局 ── 放下仇恨寬恕包容 … 140

長河終歸流大海 ……………………………… 沈遠蓬 · 141

壹、魏晉南北朝五胡十六國時代 ……………… 142

貳、五代十國時代 ……………………………… 144

叁、結　語 ……………………………………… 146

〈全統會〉的革新與再起

會長　吳信義

〈中國全民民主統一會〉(簡稱全統會)，成立於民國七十九(1990)年元月 21 日。是日上午在臺北國軍英雄館召開成立大會，順利完成法定程式，大會通過《會章》、《宣言》，並一致推舉滕傑先生為首任會長。

全統會成立之背景與宗旨，一言以蔽之；反制李登輝台獨路線，「寧共毋獨」促成兩岸統一。如會章第一章第二條所示：「本會以促進和平統一中國，及實行三民主義達到全民民主為宗旨，反對有害中華民族生存發展的意識政策及制度」。本會現任執行長勞政武博士，全程參與全統會創會過程，他一生以「反獨促統」為生命志業，見證了本會三十年來的奮鬥歷程。

全統會成立後，本會會章宗旨，在歷任會長領導下，全體會員同仁一心依循奉行。首任會長滕傑先生，是當年「三民主義力行社」創始者，曾任南京市長、國大黨部書記長等要職。嗣由陶滌亞先生接第二、三任會長。陶先生是黃埔軍校六期畢業，曾任海軍總部政治部中將主任，功在黨國。陶先生逝世後，由王化榛先生接第四到第七任會長。王先生曾任臺北市警察

局副局長、兩屆國民大會代表。他任內年年率團赴大陸參訪，為兩岸文化交流努力不懈；尤其在大陸多次座談會上，堅決反對大陸對台動武，深受大陸有關部門重視。王先生目前為本會榮譽會長。2016 年春，王先生自忖已是九十高齡，乃於力推本人接任，為全統會第八屆會長，2019 年三年屆滿連任第九屆會長。

本人曾任本會秘書長職長達十六年，追隨王會長參訪大陸數十次，與國台辦及〈黃埔軍校同學會〉建立良好關係。惟民進黨執政後，拒不承認「九二共識」，致兩岸疏離，各項交流淡化，陷入僵局。本人鑒於當前兩岸情勢危殆，不得不擔當艱巨，堅持本會既定的「中國之和平民主統一」目標。

當前兩岸情勢凶險，始於執政者死抱台獨迷夢，大搞「去中國化」，妄想牽引日寇餘孽及美國勢力，敲碎「中華民族偉大復興」的中國夢。這是背叛中華民族的惡行，是背叛五千年中華文化的罪人，即為炎黃不孝子孫。是可忍，孰不可忍？

「寧共毋獨」是滕先生會長所定的奮鬥路線。本人接任會長以來，始終遵循這路線；故促進兩岸各項交流是本會重要使命，也是每個年度的重要工作。本人從 2016 年接任會長以來，多次應大陸官方邀請，率本會代表參訪大陸，分別於 2017 年 8 月前往廣西南寧

崇左巴馬參訪，最近一次於 2019 年 9 月旬，應邀參訪北京、天津、廊坊，詳情可參閱廣西參訪遊記[1]、北京天津廊坊參訪紀實[2]。此行的重要意義除座談交流與參訪外，在九月二十日這一天，本人以會長名義，率代表於香山碧雲寺，向總理孫中山先生獻花致敬，並由會員廖振卿(台客)朗頌向總理孫中山獻頌詞，博得在場參訪人士，齊向總理行三鞠躬致敬。總理英靈有知，當佑我中華。

　　民進黨執政以來，不擇手段打壓異己。2019 年下半年，內政部通令，凡「政治團體」必須於 2020 年四月前改成「政黨」，否則依規定解散。為此，本人在每月例行早餐會上，與同仁數次研議，乃擬訂三項腹案，為本會轉型之方向：

　　一、為不受政治性團體會名牽絆，變更會名為〈中國全民民主統一研究會〉（只在原名加「研究」二字），依舊簡稱〈全統會〉。如此便可維持原有精神不變。

　　二、擺脫申請成立「社會團體」形式，不再受困在繁瑣的程序中。今後志同道合的同仁，以研究為宗旨，持續各項活動，如專題研究、講座、聚餐、參訪等具體活動，不但更有意義，而且自然合法。

1　「廣西參訪遊記」陳福成編著，臺北文史哲出版社 2017 年 10 月初版
2　「北京天津廊坊參訪紀實」陳福成編著，臺北文史哲出版社 2019 年 12 月初版

　　三、研究會的組成形態，以實務為主。經本會同仁議決，宜除去「執行委員」、「監察委員」職稱。嘉義分會亦比照辦理。

　　總之，如此更新，必能持續本會創會精神，且能集中全體同仁之力量，超越官場形式而務實。願我全體同仁先進，一本初心、不忘使命，蹈厲奮發，庶可有助於中國早日統一，實現全民民主之目標。

　　最後，援引本會陳福成同仁於北京天津參訪記實的序詩，與全體同仁共勉：

《頌：中國全民民主統一會》

　　　　因為你的愛，
　　　　愛炎黃的血緣　，從你的先祖傳到你
　　　　你的體內流著炎黃的血緣。
　　　　因為你的愛，
　　　　愛中華文化，愛先祖住的神州大地、
　　　　我們的土地、我們的文化、
　　　　我們的子民、生生世世子孫
　　　　快樂生活的天地。
　　　　我們怎能不愛？
　　　　中國全民民主統一會，頌！

四十年來島內「台獨」與
反「台獨」活動總檢

哲學博士　勞政武

　　2018 年 11 月 24 日舉行的「台灣地方九合一選舉」，以蔡英文為首的台獨集團慘敗。這樣的結果，不但有空前的意義，而且對台灣今後的內外局勢必有深遠的影響。

　　所謂「空前的意義」，要回顧四十年來「台獨」與「反台獨」運動的緣起、演變過程，以至對照今天的結果，才能理解清楚。

　　所謂「深遠的影響」，要從今後島內政局的趨向、兩岸關係的演變、兩岸與美國大三角關係，乃至「中華民族偉大復興」的進程，這四大課題的探討，方可望觀照明澈。

　　本文謹就筆者力所能及，略述有關問題，以作的總結。

壹、早期的「台獨」活動

　　「台獨」的產生，大抵起於 1947 年初的「二二八事件」之後不久；初期的代表人物是廖文毅及王育德。廖重在台獨活動，王重在台獨思想。

　　廖文毅（1910～1986）早在 1947 年 9 月即在香港成立「台灣再解放聯盟」，主張台灣應交給聯合國託管。他後來在香港無法立足，乃流亡到日本，1951 年在日本成立「台灣民主獨立黨」，正式標榜「台獨」了。1956 年在日本進而成立「台灣共和國臨時政府」，他自任「大統領」。這樣活動了幾年，也搞不出什麼明堂；於 1962 年接受政府招安，回到台灣受蔣公禮遇，安排他擔任「曾文水庫建委會副主委」的職務，嗣後又參與台中港的建設，直到去世。

　　王育德（1924～1985）與廖文毅致力於政治活動的興趣不同；他具有日本東京大學文學博士學位，一生致力於「台獨」思想的寫作與散佈。首次在日本辦《台灣青年》日文版雙月刊，大力鼓吹台獨思想。他有多本著作，代表作《台灣——苦悶的歷史》，原作為日文，後譯為中文。很多後來的台獨分子自認受這本書影響很大。此書內容盡是數典忘祖的漢奸論調，《龍旗》創刊號即曾登出劉添財文章，對其謬論加以痛斥（全文見該書第 108 頁）。

　　直到 1978 年為止，廿多年來，「台獨」的公開活動只能限於日本、美國。活動方式，大抵以刊物鼓吹台獨意識、成立各種台獨組織為主。也曾採取多次暗殺行動，最著名的就是 1970 年 4 月 24 日黃文雄、鄭自才在美國紐約刺殺蔣經國未遂。他們之所以長期在美日活動，當然是得到帝國主義分子的支持，方能如此。

　　海外台獨分子也曾千方百計潛回台灣。由於台灣地區仍在戒嚴，政府對台獨分子防制得很嚴，所以在這廿多年間，海外台獨集團根本無法在台灣島內公開活動；只好秘密搞恐怖行動，其中最著名有二次：一是 1976 年元月 6 日破壞高雄變電所，造成南部六區域停電三小時，工業損失嚴重。更嚴重的是，同年雙十節台獨分子王幸男寄郵包炸彈多個，企圖謀殺黨政大員。其中一個炸殘了台灣省主席謝東閔先生的左手，以致永遠失去左肘，裝上義肢。

　　炸殘謝東閔左肘的事，不只是單純的一次恐怖行動，而是造成了日後的深遠影響。一年半（1978 年 3月）以後蔣經國出任第七屆總統請謝東閔當副座，只因左手殘廢影響了健康，1984 年謝東閔因此堅持不再連任，蔣不得已而找了李登輝取代副總統之職。蔣經國逝世之後，潛伏性「台獨本質」的李登輝於是有機會攫取了國民黨的大權（詳見後文），導致三十多年台灣內部混亂之惡果。重大的歷史常起因於一件偶然的

小事，所謂「大風起於微末」；謝東閔一次偶然的不經意打開郵包，誰能預料到後續的重大 影響？能領悟佛家的因緣原理，才會警惕人間「因果鏈」的可怖吧！

總而言之，自 1947 年（二二八事件）起到 1978 年底止，約有卅年期間，可以說是「台獨」活動的早期。活動的主要場所是在海外的日本、美國，但不斷透過種種管道向島內滲透傳播，漸漸積蓄了民間力量，終於釀成了島內的所謂「黨外人士」集團公開抗爭形勢，亦即進入了「台獨」運動的第二階段。

貳、「黨外人士」時期的台獨活動

此階段起自 1978 年 12 月 5 日「中山堂事件」，終於 1986 年 9 月 28 日「民主進步黨」成立，為期八年。

「中山堂事件」發生後四十年來，歷來正派的報章僅著重說它是「勞政武抗議黨外人士非法擅改國歌事件」。其實，我去抗議是小事，只是當時鬧成大新聞所形成的說法；這次事件有兩層重要的意義，卻是迄今少有人注意的：

1. 這是台獨分子首次在台灣內部公開大規模活動，對國民黨當局造成很大壓力。
2. 也是台灣民間人士自動自發「反台獨」的起點。

關於第 2 點意義，在《疾風》雜誌創刊號曾有

　　詳細報導（詳見該書第 50 頁），於此不必重贅。下文只就第 1 點作概略的交代。

一、中壢事件的鼓舞

　　1978 年 12 月 5 日發生的「中山堂事件」，是一群自稱為「黨外人士」的政治人物首次大集合，其性質是「台獨」力量在島內首次公開化。如前所述，自「二二八事件」以來，垂三十年之久，台獨分子只能在日本、美國活動，千方百計都無法回到台灣內部作公開的鬥爭；那麼為何這次以台獨為主流的「黨外人士」集團敢這般猖狂？原來他們是受到　了前一年發生的「中壢事件」所鼓舞之故。

　　1977 年底，台灣舉行五項地方（縣市長、縣市議員、台灣省議員、臺北市議員、縣轄市鎮鄉長）選舉，國民黨提名歐憲瑜參選桃園縣長，而深受國民黨栽培的省議員許信良也執意要參選。國民黨中央秘書長李煥親自出面勸退，許信良拒絕，且悍然不經黨提名而自行依法登記參選，國民黨只好宣佈開除他的黨籍。深知國民黨又有選戰經驗的許信良，以「青年才俊」之姿，在選戰中以「革新」、「防止作票」二項訴求為主，果然糾合了群眾，造成風潮。11 月 9 日投票日的下午，許信良競選團隊以中壢市第 213 投票所「開票作弊」為藉口，鼓動民眾前往鬧事，與駐警發生衝突。員警乃將該投票所主持人范姜新林（中壢國小校長）

帶返中壢分局加以保護。在許信良的持續鼓煽下，大量群眾湧向包圍分局，從中午到翌日凌晨 3 時多，暴亂逐漸升級；砸石頭、燒警車、縱火燒分局房舍，結果造成二人死亡，多人受傷，許信良終於當選了桃園縣長。

「中壢事件」是國民黨遷台以來空前的民眾暴力事件，全台為之震驚，時任中央秘書長的李煥迅即被蔣經國解除職務。此事件對「台獨」分子及其他不滿國民黨的人都是莫大的鼓舞，讓他們領悟了：以各種藉口煽起群眾的情緒，積極參與各項選舉奪得政治權位，是可行之路。他們也深信，人有了政治權位，自然就能獲得社會更廣泛的影響力，帶來了國際（主要為美、日）的支持，最終打倒國民黨是可能的。

正是這種鼓勵思維下，一年後就產生了「黨外人士」集團在臺北市中山堂的大規模公開行動。

二、中山堂事件——「台獨」島內公開活動之始

按 1978 年 12 月底將舉辦「增額中央民意代表」選舉，早在 8 月間，一群自稱「黨外人士」的政治人物已開始在民間展開積極的活動。他們組織了「黨外人士助選團」，到全省各地為「黨外候選人」助選；同時提出《十二大政治建設》文件，作為「黨外候選人共同的政見」。其內容包括「國會全面改選」、「省長及院轄市長直接民選」、「解除戒嚴」、「開放黨禁及報

禁」、「司法獨立」及「軍隊國家化」等訴求。接著又成立「台灣黨外人士助選團總部」，由黃信介擔任總聯絡人。

進入 11 月初，他們更積極展開各種行動。在全省各地街頭，人們到處可看到張貼著印了一個黑拳頭稱為「人權」的傳單。一些標榜「中立」的報刊，如《自立　晚報》等，大量的分歧刊物《八十年代》、《春風》、《潮流》等，登著「黨外人士」的反政府言論。此時臺北市的政治氣氛已變得很緊張，讓人有「山雨欲來風滿樓」之感。

12 月 5 日下午 2 時，「台灣黨外人士助選團」在臺北市中山堂光復廳召開「全國黨外候選人座談會及中外記者招待會」。分別由立法委員黃信介、彰化縣國大代表候選人姚嘉文，以及臺灣省議員黃玉嬌共同主持。邀請康寧祥、張俊宏發表《黨外人士對國家及人民的責任》和《新生代與民主政治》之專題演講。參加座談會者包括：臺灣省議員、臺灣各地民意代表候選人、中外記者及各界人士，共計約 500 人。這次大集會，是中國國民黨撤到臺灣以後首次「黨外人士」一同聚集的最大規模之公開活動。

座談會開始，準備唱《中華民國國歌》時，擔任司儀的蕭裕珍要求在場人士把歌詞中的「吾黨所宗」改為「吾民所宗」。我及蕭玉井、沈光秀等人不肯改唱，而且刻意大聲唱出原句；由是引發張俊宏演講時指責

我們「沒有改革的勇氣」。到了自由發言程序，我走上發言臺的麥克風前欲發言，乃造成衝突。因為在場許多攝影記者拍了照片，翌日各報都以大篇幅登出此新聞及照片，稱為「中山堂篡改國歌事件」；我也成了當時的頭條新聞人物。

在此應指出的是，他們在這次會議提出的「十二大政治建設共同政見」的內容，如果以「美式民主」觀點，孤立來看並沒有什麼大錯；尤其，如果以日後發展過程來回顧，絕大多數的內容也被國民黨逐步接受了，才造成當前臺灣「兩黨政治」模式。問題是，這些「政見」在當時是不可遽行實施的，否則必導致不可測的危險。大凡政治改革必有風險：因為牽涉到很多人的理念、感情和權利；如果只知孤立地就改革言改革，縱座標不管歷史發展的來龍去脈，橫座標不管可能造成的影響，必發生嚴重的後果，歷史殷鑑不遠。毛澤東的「文化大革命」正是一場大改革，造成嚴重破壞性影響，迄今猶未完全平復。清朝末年光緒皇帝支持的康梁新政，結果短促百日便徹底失敗。洪秀全妄圖以西洋宗教精神來建立一個「太平天國」，結果引起以曾國藩為首的傳統知識分子全面反抗，洪秀全十五年江山灰飛煙滅。光緒皇帝的「百日維新」是合理的，只是手段太急切了，依然造成不幸的結果。毛氏的「文革」與洪秀全的「天國」既不合理、方法更錯誤，結果造成全民性的大災難。因此，蔣經國先

生面對當時一切改革要求，採取穩健方針、逐步改善，是英明的。

　　我當時在會場所關心的倒不是他們提出這些冠冕堂皇的政見，而是實際的台獨氛圍。三位主持人中，黃信介沒有什麼政治理念，只是為人很豪爽，能呼朋引類的「老大」型人物；他的話沒有什麼內容，但會說出「民社兩黨是廁所的花瓶」的令人發笑的譬喻。另一位黃玉嬌只是個地方型政客，講話更乏善可陳了。真正有內容的講話出自姚嘉文，他是頗有名的律師，但有嚴重的「台獨」思想，我早在二年前參與《法律世界》、《法論雜誌》的編務時就知道了，因審查過他的投稿。這次他的講話，也是充滿了「台獨」意識。尤其，會中高唱海外「台獨」集團唱了多年的《咱要出頭天》台語歌，並宣佈為他們「競選統一歌」，此濃烈的省籍氣氛，讓人深感：這根本是一場大規模的「台獨公開活動」！「抗議改國歌」不過是一個引爆點而已。我當時走上講台麥克風前想發言的，就是要質問他們：「你們怎麼可以非法改國歌，想搞台獨嗎」？可惜未及發言，就被他們粗暴的拳打腳踢拉扯下場了。這便是「中山堂事件」的真相。不過這事件也有點收穫，就是從此沒有人敢公開改國歌了；直到今天 40年來，台獨集團的集會都不再唱國歌而已。

　　順應附記的是，原定在 12 月下旬投票的選舉，卻因月中美國突然宣佈同中華民國斷絕外交關系，政府

立即宣佈「緊急處分令」，停止此次選舉。台灣於是進
入內部長期動盪階段。

三、中泰賓館事件──反「台獨」活動之始

　　1979 年 9 月 8 日發生的「中泰賓館事件」，實質
意義是反「台獨」的民眾挺身而出，首次大規模去抗
議那幫「黨外人士」以辦雜誌為名、組黨為實的一次
行動。

　　按去年 12 月 5 日發生的「中山堂事件」，在冥冥
中似乎是兩岸大變局的一個轉捩性標誌。因為，在此
事件後十天，美國宣佈與北京建交；後半個月，中共
即召開十一屆三中全會，推出了劃時代的「改革開放」
大政方針；又半個月的元旦，中共發表《告台灣同胞
書》，確立了「三通四流」的對台新政策。在這連串的
變局中，國民黨實已焦頭爛額。然而，那班「黨外人
士」卻有了絕佳的發展機會；自 1979 年元旦起，他們
採取連串的行動，其中最受人注意的是元月 22 日到
高雄縣遊行支援余登發。

　　不久，報刊上登出黃信介、呂秀蓮、姚嘉文等「黨
外人士」決定要創辦一本鼓吹「台灣民主」的刊物，
名稱採用荷蘭人取的 FORMOSAL（福摩薩），中譯名
為「美麗島」。單用此名就引起當局的疑慮，因為在海
外活動多年的「台獨」人士討厭中國的名，就是愛用

此名來稱呼台灣的。由此即可推想,他們即將創辦的是一本什麼性質的雜誌了。

那時我雖在臺北市議會任法制編審之職,卻在外兼過兩本刊物(法律世界、法論月刊)的主筆,所以辦雜誌不外行,也有興趣寫作。我得知「黨外人士」要辦《美麗島》,就很想辦一本對抗性的刊物。那時我才 35 歲,年輕氣盛,一心要報中山堂被扭打的「一箭之仇」。可是我自己沒有經濟能力,向國民黨中央文工會求助,周應龍主任只肯補助 15 萬元,只及繳官方登記費的一半;經過諸般曲折,只好同沈光秀合作。他與我有三同之誼(廣東同鄉、政大同學,同是救總接濟的流亡學生);當時他經營了一家傳播公司,創辦經費就由他先墊出了,社址也設在他的公司內。雜誌命名《疾風》,是經內部討論多次才決定的,採自「疾如風」古義,意在要以快速嚴正淩厲的文章去批判那群「台獨」黑拳幫,以期起「抑邪扶正」的作用。此刊每期都載了藏頭聯:「疾惡如仇、除黑務盡;風雲際會,再滌神州」就是言論宗旨。

1988 年 8 月,《疾風》及《美麗島》同時在這個月創刊。這兩本針鋒相對的刊物一推出市面書報攤,社會立即為之轟動。按台灣雜誌市場很小,一般每期能銷一千本便不錯了。《疾風》初印一萬冊,不到十天便售完,緊急加印了二萬冊,到月底也差不多賣光了,如是創辦費全部賺回還有盈餘。當發行人的沈

光秀就在內部慶祝餐會上開懷大笑：「想不到我成了雜誌大王！」得意神態令人記憶猶新。

《疾風》發行了二個月，就發動了一次大規模的「抗議黑拳幫」群眾運動。這次定名為「九・八愛國運動」的詳情，登在《疾風》三期。必須指出的是，這一天是《美麗島》雜誌在臺北市敦化北路中泰賓館開「創刊酒會」，酒會是合法的，我們憑什麼要去抗議？原來引發「中山堂事件」的關鍵人陳婉真在年中趁到美國觀光之便，竟在美國演起「絕食抗議」的告洋狀醜劇，散發傳單大加詆毀汙衊二代蔣先生。她的荒謬言行，《美麗島》不但大加宣染，而且藉這個酒會聲援陳女，以「中外新聞連線」來壓迫國民黨。針對此，我們先寫的一篇措詞嚴厲的《聲討叛國賊陳婉真宣言》，午後即由許承宗、李勝峰率領幾位高中生到中泰賓館大門前向街上行人散發，不久便聚集了群眾，最後人群堵塞了街道，演成這次轟動全島的「痛擊台獨」群眾運動。

總之，無論這次群眾運動的效果如何，它的意義卻非比尋常。因為，自從二年前「中壢事件」以來，台灣全省各地發生過大大小小的群眾運動已難計其數，全部都是分歧分子發動反國民黨政府的，只有這次中泰賓館事件（九・八愛國運動）是支持國民黨政府而反「台獨」的。這是台灣群運性質首創之作！

四、高雄事件

中壢事件、中山堂事件、中泰賓館事件，當時並稱為「三中事件」，短短二年之間接續發生，「黨外人士」黑拳幫集團的非法行動步步升高，終於爆發了關鍵性的高雄事件。

《美麗島》雜志創刊後，「台獨」黑拳幫便展開積極的大行動。他們計劃在聯合國的「人權紀念日」，即 1979 年 12 月 5 日，到高雄遊行抗議以「表彰人權」。因為當時仍在戒嚴時期，擅自聚眾示威遊行是非法的；又因為高雄地區向來「反國民黨」的民間勢力很大，更因為以「人權」為名的示威必有幕後美國人的鼓勵，所以治安機關對此行動高度警戒。

在事件發生的前幾天，《疾風》雜誌社同仁也接到了消息，並討論了如何應對此事。卻在事件前一天，我忽然接到總政戰部執行官廖祖述中將親自打來的電話，要求我們明天不要去高雄採取什麼行動以對抗，避免發生危險。這是我唯一的一次接到他的電話，心知事態必然嚴重了！於是社內決定，只派主編李勝峰獨自去高雄觀察實情（詳見 1980 年元月號《疾風》第六期，該書第 96 頁載）。

「高雄事件」對台灣日後政治影響無疑是深遠的。雖然主謀分子黃信介、姚嘉文、張俊宏、呂秀蓮、林義雄、陳菊等人，在事件後都被軍事法庭判了相當

重的刑（約十年徒刑，各人不等），但大抵服到刑期一半後統統釋放出來，又立即參與政治了。更重要的是，事件仍在審判中，台獨集團立即以聲援黃信介等「政治受難者」為號召，由他們的家屬（姚嘉文之妻周清玉、張俊宏之妻許榮淑、林義雄之妻方素敏等），以及他們的辯護律師（江鵬堅、陳水扁、謝長延等）出面參與各項選舉，屢屢能高票當選，在民間的聲勢越來越盛大；終於在事件發生六年後創立了「民主進步黨」，完成「黨外人士」集團多年主張的首要目標。

五、成功組黨的因素

任何政治目標的成就，都不是單一因素所能達致的；除了主事者努力的主因素之外，必須有其他「助緣」條件的配合，方克有濟。「黨外人士」分歧集團之所以成功組黨，最主要的「助緣」依然是它的敵對力量——中國國民黨本身，即是蔣經國領導的國民黨採取「懷柔容忍」政策所致。為什麼國民黨會對此集團懷柔容忍？分析而論，應有下面四項原因：

（一）國民黨的西方民主本質

因為中國國民黨是孫中山先生創建的，而孫先生的政治思想是綜合了「規撫歐美之所長」及繼承中國傳統優良政制（監察、考試）而產生，故這個黨有濃厚的西方民主性質。1949 年蔣中正先生退守台灣，國民黨痛定思痛，進行全面的「黨務改造」，確定了一條

「革命民主」最高政治路線。在那麼困難時期，1950年就著手在台灣推行「地方自治」的選舉，這就是「民主路線」的具體化。但為了生存，採取戒嚴等措施，這就是「革命路線」的不得已做法。然而這兩種相反成份的路線，到底是有矛盾的，取得平衡甚不易，以致常被一些自由派學者譏諷「民主無量，獨裁無膽」！

國民黨這種本質，同中共無論如何都「有志不改、道不變」地執著「堅持共產黨領導」的政治特質完全不同。由是「黨外人士」黑拳幫雖然骨子裡是要搞「台獨」，但公開訴求的是美式「民主自由人權」，國民黨自然不能不懷柔以對了。

(二) 省籍意識的投鼠忌器

「台獨」分子多為閩南語系的省籍人士，以狹隘的地域意識來爭取群眾的認同，在歷來選舉中鼓煽仇視國民黨是他們的慣技。李登輝公開對日本作家司馬遼太郎說：「國民黨是外來政權」，這種話出自他的真心，就是仇視外省人的心理表白（詳見下節二項）。

自「中壢事件」後，省籍意識擴大發酵，「中山堂事件」更是一次充滿省籍意識的公開鼓煽大會。國民黨甚為忌憚，乃藉「高雄事件」將首謀分子判以重刑，希望把這種危險的氣焰壓下去。結果卻適得其反，冒出更多的人運用這種意識作「受迫害」的訴求，在歷次選舉中大有斬獲。這時又逢蔣經國年老氣衰，國民黨當局考慮到全省人口中，閩南語系的民眾到底占大

多數，在「投鼠忌器」的考慮下，就只能採取越來越軟弱的懷柔了。具體做法便是特設了一單位專門同他們「溝通」，當時負這重任的人就是梁肅戎。

（三）「自由派」學者的勸說

國民黨向來尊重知識分子，忌憚學者專家的批評。這種特性應是源自孫中山，因為孫先生本身就是一位兼通中西學問的讀書人。其繼承者蔣中正雖是軍人出身，但一生敬佩王陽明，自己的宋明儒學修養頗深厚，畢生更是敬重知識分子。他在 1949 年最愴惶的歲月，仍派專機到北京等地接胡適、傅斯年等大批高級知識分子到台灣。在台灣每年教師節（9 月 28 日），蔣例必公開大宴學者專家，聽取他們的建言。凡此，可證其敬重之一斑。

自「中壢事件」以後，報章上便湧現了一批知識分子的大量建言，認為政府應盡量寬容政治上的分歧言行。當時最著名的是陶百川、胡秋原、胡佛、楊國樞、張忠棟、李鴻禧。其中後四人的言論最激切，他們都在台灣大學任教，有「台大四大寇」之稱。他們的理論無非是站在「美式民主」觀點，認為國民黨對「黨外」集團的取締限制政策統統不對。《疾風》自始就認為，以「美式民主」來看待「黨外」集團才是不對的，因為他們打的旗號雖是「爭民主」，其實要搞的是「台獨」，這是兩個不同的層次。直到廿年之後，「四大寇」自己的言行終於證明瞭一切：那位李鴻禧

迄今仍是個死硬派台獨分子。張忠棟心智有問題，領頭組織一個所謂「外省人獨台會」，為台獨搖旗吶喊。楊國樞則遠離了政治是非，後來當到中研院副院長。胡佛後來卻看清了「黨外人士」的真面目，並且批評「台獨」是反中華文化、反自己的祖先，是不道德的行為。但無論如何，他們當時的言論對當局影響不小，蔣經國之所以對「黨外」集團一味退讓，顯然有他們的影響因素。

（四）美國的干預

1949 年國民黨退守台灣以後，為了救亡圖存，不得不依靠美國。而美國原想拋棄國民黨，但發生了韓戰，為了圍堵中蘇共產洪流，視台灣為「不沉的航空母艦」，在全球戰略上大有利用價值；所以自始就極力想全方位控制台灣。

所謂「全方位控制」，不外四方面：

1.軍事協防　　　　3.推行「美式民主」

2.經濟援助　　　　4.培養親美的人事

今日客觀回顧歷史，同南韓李承晚、南越吳廷琰的悲慘下場比較起來，老蔣先生應付美國是做得卓越的：

對於 1、2 兩點，原則接受，但若可能有大害的則峻拒。如初期美國人曾提議，國軍的薪餉全由美方負責，條件是在每個連隊派一「美軍顧問」。此議被老蔣拒絕，據高層傳出他的憤怒之言：「這樣做，我們的軍隊豈不是變成美國的雇傭兵了？我們窮死也不能接

受！」美國人也無可奈何，最後只好凌空在臺北設立一個「美軍顧問團」，只作國防部的「顧問」。

對於第 3 點，老蔣確立了國民黨的屬性為「革命民主政黨」，這是「辯證性」的聰明處理，這屬性使得美國人大力支持的「民主人士」不能到台灣內部活動。這也就是打著「自由民主人權」旗號的台獨分子，當時也只能在美國、日本活動的根本原因。

至於第 4 點，大凡涉及人事問題就複雜了。國民黨遷台之初，曾任命原上海市長的吳國楨為省主席；因他是美國哥倫比亞大學博士出身，思想作風親美，用他便於爭取美援。吳在職時與陳誠、蔣經國不和諧，乃憤而辭職，遠渡美國。在美常寫文章攻擊台灣當局為「警察國家」等，嚴重到被胡適斥為「沒有常識」、「缺乏道德感」；最後終老於美國。最嚴重的是孫立人。他是北京清華大學土木工程系、美國維吉尼亞軍校出身，曾率中國遠征軍到緬甸抗日，立有功勳，來台後任陸軍總司令。他接受美國的建軍思想，反對蔣經國建立軍隊的「政戰」體系。美國認為他是親美的人，甚至有意培養他取代蔣介石。更因他恃才傲物，不善與人相處，終於演變成「兵變」大案，被解職後終生軟禁，老死於台中。

由上述美國干預台灣政治的種種歷史事實，就可推知：美國大力幫助 70 年代以後台灣內部的「黨外人士」集團，是必然的。在此階段，經常公開出面

聲援這集團的美國人，就是參議員索拉茲、斐爾，以及眾議員甘迺迪、李奇等。民進黨成立的第二日，這幾個人立即致電祝賀了。至於美國官方透過駐台機構對國民黨直接施壓干預，更不在話下了。

叁、民進黨成立後的「台獨」活動

1986 年 9 月 28 日，「黨外人士」集團在臺北市圓山大飯店宣佈成立「民主進步黨」。從此，經過三十年的演變，該黨在不斷發展中壯大，到今天為止，竟二度執政；2016 年起，蔡英文且全面掌握了台灣政局。現在我們回顧這段歷史的演變道理，有其偶然性，也有其必然性；偶然性繫於人間的變幻無常，必然性繫於人的目標與努力。

本節只就三項關鍵問題來闡明這段歷史。至於較細節的具體事件，讀者可透過本書所登的各時期文章及《分歧檔案》瞭解其詳。

一、蔣經國的無奈與寬容

分歧集團成立「民進黨」不到十天，即 1986 年 10 月 8 日，蔣經國先生以國民黨主席身分宣示：「任何新的政治社團，必須遵守憲法，支持反共的基本國

策，並與台獨劃清界線」。這就是所謂「組黨三原則」，
蔣經國如此表示，等於對他們非法組黨的事寬容了。

　　不到二年以後的 1988 年元月 13 日，蔣經國便逝
世了。其實分歧集團組黨時他的身體已經很壞，心情
更是惡劣。原來，在 1984 年 2 月 15 日蔣經國提名李
登輝為第七任副總統候選人，已是出於無奈之舉；因
為被台獨分子王幸男寄郵包炸彈炸殘左手的副總統謝
東閔堅決不願連任，只好提李了。不料不到十日後，
時任行政院長的孫運璿突然腦溢血中風。蔣經國焦急
不已，曾親自到醫院探視、召美國的醫生回來急救，
但孫終不能完全康復，不久即辭去院長之職。蔣確是
要培養孫為接班人的，此事經郝柏村日記證實；蔣希
望孫當六年行政院長後擔任第八屆總統。想不到孫突
中風，蔣整個佈局就大亂了。由此可知，近兩年來種
種精神上重大打擊，再加上他日益沉重的糖尿病，今
日面對分歧集團突然宣稱組黨，一個身心俱疲的老人
也只能無奈地寬容了。

　　但蔣先生並不放棄為國佈局。他以「組黨三原則」
寬容他們之後，立即著手二項重大措施：一是在翌年
（1987）7 月 15 日宣佈解除台灣澎湖地區的戒嚴。這
是終結了自從 1949 年 5 月 19 日以來，長達卅八年多
的「戒嚴」形態，使台灣內部政治進入一個新的局面。
一直發展到今天，台灣有 337 個合法的政黨，變成一
個真正「小黨林立」的社會。二是在同年 11 月 2 日開

放外省老兵回大陸探親，這是奠定今後兩岸開放性發展的重要基礎，打破自 1949 年以來兩岸同胞皆「老死不相往來」的僵局，兩岸關系自此可良性互動，使和平發展成為可能。

　　按 1978 年 12 月發生「中山堂事件」前不久，蔣經國看到臺北街頭貼滿稱為「人權」的黑拳頭貼紙，甚為耽心，在一項內部會議上討論那群自稱「黨外人士」的動向，他就說了：「這群人是黑拳幫嘛！」這個名詞傳出，當時在臺北市競選增額國大代表的雷渝齊，就在一次公開競選活動上說出了「黑拳幫」的名詞，用以指責「黨外人士」集團，此事是名作家尼洛（李明）後來告訴我們的。我當時在報上看到這名詞，就在《台灣新生報》上發表一篇《要做謇諤之士，勿做黑拳幫》文章。因此我們後來創辦《疾風》雜誌，一直就用這個名詞來批評他們了。批評了不久，「黨外人士」大概有了精神壓力，就不敢再用那個「黑拳」標誌了。由此事可證，蔣先生顯然討厭那幫人這般搞法，才創造出這個「黑拳幫」名詞來說他們。過了將近一年，蔣先生又在國民黨一項會議上公開說：「台獨就台毒」！可見在政治上他更反對「台獨」。由此二事可證：1986 年「黨外人士」集團組黨時，蔣經國當然瞭解他們的「台獨本質」，之所以寬容他們，絕不是容許搞「台獨」，只是針對當時的環境及考慮到自己的身心俱疲的狀態，毅然開闢出另一條政治路線而已。《易

經・繫辭下傳》有道：「窮則變，變則通，通則久」，既然原來的防堵政策已經走不通，那就乾脆來個相反的全面開放做法吧！

蔣經國對「台獨」集團採取了從「禁制」到「開放」的相反措施，當時誠令許多反獨愛國人士感到喪氣。但正如《老子》說的：「反者道之動」，回顧三十年來歷史的演變，今天「反台獨」不但已成了國民黨全黨的共識與行動，更成了中共的不斷嚴肅宣示的打擊目標，即是全中華民族求復興的必須之務。《易經・同人象辭》有道：「唯君子為能通天下之志」，今天檢討蔣先生當年處理「台獨」分歧集團的手法，確是眼光遠大的。

二、李登輝栽培運用「台獨」

李登輝到底是個什麼人？美國《時代雜誌》稱他為「民主先生」，台灣的綠派人士稱他為「台灣之父」，藍營人士及大多數中間派民眾稱他為「台獨教父」，中共在 1995 年間直斥他是「民族罪人」。最有趣的是，1990 年 9 月 9 日南懷瑾先生曾當面勸李登輝：「我希望你不要做歷史罪人！」李登輝的腳色定位竟如此紛歧！

1990 年 5 月間，我任秘書長、隨鄧文儀當團長的一個九人團首次到北京參訪（詳見《從抗日到反獨——滕傑口述歷史》第 15 章），當時任大陸「黃埔同學會」

秘書長的楊蔭東就鄭重其事地傳達了鄧小平對李登輝的觀點：「他這個人花樣很多的，凡有日本背景的人，你們要多注意呵！」如今回顧李登輝擔任台灣領導人的十二年歷史，盡屬目標錯誤、手段奸巧的表現，令人不得不驚嘆中共的先見之明！

　　李登輝接任總統的頭五年，即從 1988 年 1 月起，到 1993 年 2 月行政院長郝柏村被迫下臺為止，主要著力點就是奪取和鞏固他的權位。他在國民黨中既無歷史淵源威望，也無現實權力基礎，在短短的五年之內，憑什麼能奪取了全部的權力？今天我們冷靜檢討這段歷史，可以清楚地概括出二點主要的因素：一是他不斷玩弄「省籍意識」，使以外省人為主的傳統政治勢力不敢抗拒。二是他以權位作「誘餌」，運用人性弱點，使當時的國民黨政治人物癡迷不知抗拒，乃達到了各個擊破之目的。

　　在運用「省籍意識」方面，李登輝可以說到了十分兇狠的程度。最顯著的例子是：1990 年 2 月 21 日國民黨召開「臨時中全會」，會程只有一天，目的是正式提名第八屆正副總統的候選人。大會一開始，先決定「如何選擇出候選人」的程序問題，由是產生了「票選派」與「起立派」二派的意見。大多數人主張應以真民主方式，透過不記名投票來推出候選人；少數擁李人士則主張應循推舉二位蔣先生的傳統方式，大家起立來表示擁戴。因為大多數人認為，二位蔣先生有

大勳勞高威望，今天李登輝個人沒有這歷史條件，就不宜循用過去的「起立擁戴」方式了。於情於理，「票選派」是對的，但李登輝估算這個方式對自己極不利，於是就透過時任黨中央秘書長的宋楚瑜對外放話：「過去蔣主席可以這樣推選，為什麼我不可以？是欺負我是台灣人嗎？」這話一出，本省籍的中委自是贊成，很多外省籍的人心生畏懼也就改變立場了。舉手表決結果，以 70 人比 99 人，「起立派」獲勝。於是正式推選正副總統要用起立來表示，這等以脅迫方式要大家表態了，受脅迫而不屈的人到底是少數。像這樣運用「省籍情結」的例子還有多次，詳情可參前揭書。

1994 年 4 月，李登輝接受日本作家司馬遼太郎訪問，言論多荒謬；引起台灣政界一片譁然。然而大家只注意到他講「國民黨也是外來政權，只是來統治台灣人的一個黨」的話，卻少注意有一段話才是透露了他真正心態的：

> 我沒有槍，拳頭母也小粒，在國民黨中的我，能夠維持到今天的原因，是我心中的台灣人之聲。台灣人期待我，而我一定要做這種想法。

這段話很明白了！李登輝在這奪權的五年間，常擺出「被外省人欺負」的姿態，才是得逞的竅門。其實在台灣沒有那一個外省籍大員敢「欺負」他是台灣

籍的；相反的，恰是因為他是台灣人，所以他能毫無
勛勞而當上了副總統。其實，他心中的「台灣人之聲」
的強悍固陋意識，才是迫使所有外省籍大員一一就範
的最兇狠武器呢！

在以權位為「誘餌」方面，對象很多，其中最主
要的關鍵性人物有三位：宋楚瑜、李煥、郝柏村。此
事關係重大，以下分述之。

1.宋楚瑜

蔣經國逝世時任黨中央副秘書長，為李登輝立了
二大功：一是在蔣主席逝世後僅二週的 1988 年 2 月
27 日中常會上，他演出「臨門一腳」，硬把李扶上了
「代理黨主席」的位置。第二件更大的功勞，就是 1990
年春全力策劃使李登輝當上第八屆總統。當時，宋串
連擁李的「主流派」，以各種不堪入流的手段擊敗了以
滕傑為首的「非主流派」，使自稱「候選而不競選」的
林洋港、蔣緯國功敗垂成。

宋對李立下如此大的勛勞，所得的回報就是派他
當省主席。僅當了一年就改為民選的省長，宋參選以
高票當選後，一心做好省府工作，希望開闢自己的光
明前程。他哪想到李登輝根本不會容許一個「外省仔」
再當權，李氏待自己的權力鞏固之後，於 1998 年以「凍
省」的手段，把宋的職位廢掉了。到 2000 年，宋參選
總統同陳水扁對抗，李氏又搞個「興票案」把他拉下

來了。從此，宋楚瑜在政壇越來越暗淡，此乃有大功
於李登輝者的下場。

2.李　煥

　　他是一位被李登輝耍弄的悲劇大員。如前所述，
1988 年 2 月宋楚瑜用謀略推李登輝當上了「代理主
席」，但當時國民黨中央的實質控制權，仍在秘書長李
煥手中，而行政大權則由行政院長俞國華控制。於是，
李登輝就製造李、俞二人的矛盾，要李煥來接替俞國
華的院長職位。國民黨的組織學權威滕傑深知「黨權」
的重要性，所以曾派我到中央黨部去見李煥，轉達「黨
是一切政治的動力組織，希望李先生要把握住」的意
思。但李煥似乎不能領悟這道理，癡心想當行政院長。
在 1989 年 6 月 1 日果然接受了行政院長之職，國民黨
中央秘書長就由宋楚瑜升任了；李登輝從此掌握了「黨
權」。

　　李煥當了行政院長以後，積極努力。而且因為他
在立法院的班底雄厚，任內做得有聲有色。如此好表
現等於觸動了李登輝的逆鱗，李煥當上院長不到一
年，李登輝就運用郝柏村迫他辭去了職務，自此李登
輝又便於掌握了「行政權」。李煥退職之後淡出政壇，
暇時常到臺北市四維路鄰居的蔣廉儒寓所打打衛生麻
將，聊以度日，直到 2010 年去世。

3.郝柏村

　　他是當時握有軍權的一級上將國防部長，在軍中既有實權更有威望。李登輝在 1990 年 6 月任郝為行政院長，以取代李煥，這是「一石二鳥」之毒計。他首先放出風聲說郝將出任行政院長，然後運用民進黨徒發動群眾大遊行，反對郝的出任，沿街高呼口號：「堅決反對軍人干政」！李登輝看準了郝也想當行政院長，結果他真的自願退役，除下了一級上將軍銜，等於讓李登輝從此握到了「軍權」。又因為用郝出任行政院長，李煥變成不能抗拒，只好乖乖退下了。對郝柏村放棄軍權的事，我當時到北京接觸到中共一些高層人士，他們都感到大惑不解：「解除武裝，以後怎樣控制台獨？」這可能是崇信「槍桿子出政權」人士的必有疑惑；趁此特記此事，以作歷史存證。

　　郝柏村當行政院長期間，十分努力，政績斐然，自是不為李登輝所喜。尤其郝一再公開反「台獨」，李必欲除之而後快。不到三年，又用種種方法迫郝辭職了。1993 年元月 30 日，郝柏村在國民大會閉幕會上獨自一人振臂高呼「消滅台獨！」口號，宣佈辭職。其悲壯之情，迄今猶令人唏噓不已。李登輝後來在《回憶錄》明白說出了自己的奸巧：讓郝柏村出任行政院長，既可以瓦解李煥與郝柏村的結盟，使李煥的去職不再被杯葛，且可以讓郝柏村辦退役，交出軍權。

　　李登輝就是這樣以省長、行政院長兩個權位來作「誘餌」，玩弄了宋、李、郝三人，終於把「黨、政、軍」三大權統統抓到自己的手中了。這真是「二桃殺三士」的現代版！然而，只抓到政府三權仍有不足，還要掌握到「民權」（群眾）方能為所欲為。所以，在他抓政權的同時，不但大力幫助島內民進黨的發展，曾公開說「要給他們奶水喝」；而且鼓勵、放任海外的「台獨」組織及人員紛紛返到台灣，由是頓然匯成了民間的擁李龐大力量。如果有哪個國民黨有力人士敢反抗李的意旨，他就發動以「台獨」分子為主幹的「群眾運動」；很多在政府體制內難以解決的問題，一下子就迎刃而解了。諸如脅迫蔣夫人宋美齡退出台灣、脅迫老國代選他為第八任總統、解除郝柏村軍權、脅迫老國會全部改選、脅迫不設大陸代表、脅迫國民黨中央通過總統直接民選……等等重大問題，都是如此解決了。

　　如何應付對岸的中共，也是很重要的。李登輝用盡各種欺矇手段，可謂到了十分無恥的地步。因為此問題更複雜，茲分「台灣對大陸」與「大陸對台灣」兩個面向來略加說明

　　1.在「台灣對大陸」方面。按 1986 年年底蔣經國開放大陸探親之後，到了李登輝當權的 90 年代初期，台灣民間到大陸探親，旅遊、投資已形成熱潮。李氏於是提出「戒急用忍」政策，盡量冷卻縮小台灣民眾

心向大陸的潮流。更嚴重的是，他著手推行「文化台獨」，以「愛台灣」為口號，務求台灣民眾強化「台灣主體意識」，希望清除「台灣人就是中國人」的觀念；這種意圖改變國民心靈觀念的做法，完全是契合 1991年民進黨的《台獨黨綱》中第 3 點的主張（詳見下項）。李氏這一切的手段，造成台灣巨大有形損害是經濟上的，使台灣平白喪失了到大陸賺錢的大好機會；正如朱高正所說：「台灣從四小龍之首搞成民不聊生，禍首就是李登輝」！更嚴重的惡果是，使台灣很多人漸漸不承認自己是「中國人」，這無形的心靈損害是長遠的，比經濟損害尤嚴重。

　　2.在「大陸對台灣」方面。李登輝當上國民黨主席初期，只因權位未穩固，就用盡一切方法去迎合中共：1989 年他在首次雙十節慶典上致詞，強調的是「只有一個中國，我們一定要以三民主義統一中國」，1991年他甚至設立了一個高層次的「國家統一委員會」，通過《國家統一綱領》。這一切舉動，只不過為了唬弄中共。也正因他有這些言行，一心想達成「和平統一」目標的中共，自不會放棄與李氏接觸和談的機會，於是才有國共雙方在南懷瑾先生安排下的五次香港密談的事，才有後來在新加坡的「辜汪會談」、「九二共識」的產生等一連串重大進展。（詳見拙著台灣蘭台出版《南懷瑾研究》、大陸浙江版《通家人師南懷瑾》第四章）。 到了 1995 年 6 月，李氏自忖一切大權已在握，

對中共的態度便作 180 度的轉變。他不但以官方身分
到美國康乃爾大學演講,而且在 1999 年接受德國電台
訪問,推出「兩國論」,即把兩岸關係說成是「兩個不
相統屬的國家」。後來又變本加厲,妄指全中國應分成
七大區塊(台灣、西藏、新疆、蒙古、華南、華北、
東北),應各自獨立,才可維持安定發展,云云。這是
傳統帝國主義者妄圖瓜分中國的手段!發表如此謬論
當然引發中共大怒,不但徹底同他斷絕來往,還發表
文章直指李登輝是「民族罪人」!

　　綜上所述,李登輝是什麼政治性質的人?答案很
明白了。在他十二年的總統任內,他縱容「台獨」、大
力幫助「台獨」;而且運用「台獨」,達成自己攬權之
目的。那麼他自己到底是不是「台獨」?對此疑問,
他曾多次否認自己主張「台獨」,而且說過多次「反台
獨」,否認自己是「台獨教父」。依我研究的結論是,
蔣經國說過「台獨就是台毒」,李登輝不但是「台獨」,
而且比一般「台獨」分子更毒的「獨」。據何言之?且
看他自從推出「兩國論」以來,常常對外強調一個說
法:「台灣已是一個主權獨立的國家,現在的名字叫做
中華民國」、「中華民國是一個主權國家,它的領土範
圍在台澎金馬」,所以他已不必追求「台獨」了。其玄
機端在「主權獨立」一詞,只是此詞涉及複雜的政治
理論,留待下文再詳說。總之,依我之見,李登輝的
用意當然是要把台灣地區變成一個「主權獨立國家」,

只是他有高傲心態，認為自己的理論已超越了普通「台獨」，所以自己不屑稱為「台獨」而已。

三、民進黨的「台獨」論述之演進

　　有關民進黨自 1986 年創立後的實際活動，以及反「台獨」活動方面，初期約七年內本書各篇文章已有詳述，嗣後的活動資料也多可在電腦網絡或其他報章尋得，在此不贅述。本節只概略談談該黨所主張的「台獨」理論。按在實際政治中，理論根據又名「意識形態」，有根本性之重要，因為有了它便可以團結幹部、號召群眾，展開行動；故在此只檢討他們的理論。

　　（一）早期的論調

　　早期在海外活動的「台獨」分子，曾經捏造出種種怪異理論，以作「台灣應該獨立建國」的依據。概括起來，可分為「歸屬問題」及「民族問題」二大類。在前一類，他們捏造了「台灣地位未定」、「台灣不屬於中國領土」、「台灣是亞洲的孤兒」、「台灣是事實上主權獨立的國家」、「美國並未承認台灣主權屬於中國」等等。在後一類，他們更捏造出荒唐的人種論，如說「台灣人不是中國人，是高山族、荷蘭人、日本人、南島人、早期福建移民的混合種」、「台灣人不是中華民族，已成為一個新的民族」等等。

（二）「住民自決論」

只是上述的「歸屬問題」及「民族問題」論調，連「台獨」集團中很多自己人也覺得荒謬；於是到了1978年的「黨外人士」集結時期，他們主要的理論變成「住民自決論」（依據聯合國憲章的「基本人權」規定，台灣住民有權決定自己的前途）了。

這種「住民自決」訴求用了很多年，一直到1986年「民進黨」成立，在其《黨綱》的「基本綱領」中仍用此訴求，稱為「台灣前途應由台灣全體住民決定」。其實「住民自決」就是「台獨」的另種說法，只因當時台灣仍在戒嚴時期，刻意避開了明白「台獨」主張。

（三）「主權獨立論」

隨著時間的推移，蔣經國逝世後，海內外「台獨」分子在李登輝刻意栽培下，島內「台獨」集團力量越來越大，他們就肆無忌憚明白地標榜「台獨」了。

首先在 1988 年 4 月中，即在蔣經國逝世四個月後，「民進黨」在二屆一次臨全會上通過「4•17 決議案」，正式提出了「台灣國際主權獨立」論，原文如下：

> 台灣依 1951 年舊金山《對日和約》及 1952 年臺北《中日和約》之規定，都未以和約決定戰後主權之歸屬，故其主權並未屬於任何一個國家，當然亦獨立於北京「中華人民共和國」之外。

他們說，這個「國際主權獨立」論，目的就是否定中共有「統一台灣的法理根據」。

到了 1990 年 10 月，他們得到李登輝的暗助，決定加快「台獨」腳步，於同月 7 日通過了「10‧07 決議案」，再提出一個「台灣事實主權獨立」論，原文如下：

> 本黨重申黨綱自決原則及台灣主權獨立，不屬於中華人民共和國之「41‧7 決議文」。現進一步確認：我國（台灣）主權事實上不及於中國大陸與外蒙古。我國未來憲政體制及內政、外交政策，應建立在事實領土範圍之上。

他們說，這個「事實主權獨立」論，目的在否定國民黨政府的「統一中國神話」。

總之，在李登輝上臺後，民進黨就迫不及待地欲實現「台獨」，他們企圖運用文字技巧，從「內、外，正、反」四方面來打破「一個中國的虛構性」，妄圖為「台獨建國」而奠定法理基礎。

（四）「台獨黨綱」

台獨集團並不以此為滿足。1991 年 10 月，民進黨召開第五屆第一次全代會，把「建立主權獨立自主的台灣共和國」正式列入黨綱之中，並提出具體「主張」，原文如下：

1. 依照台灣主權現實獨立建國，制定新憲，使
   法政體系符合台灣社會現實，並依據國際法
   之原則重返國際社會。

2. 依照台灣主權現實重新界定台灣國家領域主
   權及對人主權之範圍，使台海兩岸得以依國
   際法建立往來之法秩序，並保障雙方人民往
   來時之權益。

3. 以台灣社會共同體為基礎，依保障文化多元
   發展的原則重新調整國民教育內容，使人民
   之國家、社會、文化認同自然發展成熟，而
   建立符合現實之國民意識。基於國民主權原
   理，建立主權獨立自主的台灣共和國及制定
   新憲法的主張，應交由台灣全體住民以公民
   投票方式選擇決定。

　　細究此等主張，盡屬荒唐（理由詳見後文），當時
引起社會極大反彈；不但該黨內部有林正杰等創黨重
要人士聲明退黨，同年年底的中央民意代表選戰也大
敗，黃信介當時且說：「台灣共和國的主張人民還不認
同，是真正的問題」，甚至有黨員說：「台獨黨綱是票
房毒藥」。到了 1995 年，陳水扁要參選總統，為了避
免《台獨黨綱》影響選票嚴重，於是在 5 月間召開的
民進黨八屆二次全代會另行制定《台灣前途決議文》。

(五)「台灣前途決議文」

此《決議文》不再提「建立台灣共和國」的字眼，只強調「台灣是一主權國家」，並提出七項「主張」，原文是：

1. 台灣是一主權獨立國家，任何有關獨立現狀的更動，必須經由台灣 全體住民以公民投票的方式決定。

2. 台灣並不屬於中華人民共和國，中國片面主張的「一個中國原則」與「一國兩制」根本不適用於台灣。

3. 台灣應廣泛參與國際社會，並以尋求國際承認、加入聯合國及其他國際組織為奮鬥努力的目標。

4. 台灣應揚棄「一個中國」的主張，以避免國際社會的認知混淆，授予中國併吞的藉口。

5. 台灣應儘速完成公民投票的法制化工程，以落實直接民權，並於必要時藉以凝聚國民共識、表達全民意志。

6. 台灣朝野各界應不分黨派，在對外政策上建立共識，整合有限資源，以面對中國的打壓及野心。

　　7.台灣與中國應透過全方位對話，尋求深切互
　　相瞭解與經貿互惠合作，建立和平架構，以
　　期達成雙方長期的穩定與和平。

　　此外，還在《決議文》的「說明」中，寫上三段
這樣的文字：

　　台灣是一主權獨立國家，……固然依目前憲法
　　稱為中華民國，但與中華人民共和國互不隸
　　屬……對外，我國不再堅持使用「中華民
　　國」……在發展新國民意識上，我們亦推動了
　　國民教育教材的本土化，重塑了國民對台灣歷
　　史文化的認識。

　　這是極狡猾的文字技巧。其內涵有下列三個要
點，必須要破析：

　　1.台灣只是中國固有的領土中的一省，無論依憲
法或傳統觀念，根本不是一個主權國家，如今硬說這
個省是一個「主權國家」，純屬胡說！只是毫無根據的
「台獨心態」之表白。至於「主權獨立」只是混淆視
聽的技倆（牽涉複雜的西方政治學理論，詳見下節）。

　　2.所謂「不再堅持使用中華民國」，實是大謊言！
因為台獨人士從來就是仇視這個孫中山先生創建的國
號，絕不想使用這個國號的。如今卻說什麼「不再堅
持使用」，好像他們從來就是「堅持使用」的了，完全

顛倒黑白之辭！但問題重點是，在此為何要提「中華民國」？目的是要方便陳水扁選「中華民國總統」，不但依憲法有需要，騙中間派選民的選票也有必要，如是而已！

3.所謂「國民教育教材的本土化，重塑對台灣歷史文化的認知」就是推行「文化台獨」。在具體行動上，李登輝和陳水扁發動一批台獨學者，捏造了一個「台灣主體性」名詞，逐步推展了許多「去中國化」的工作。其實，要推翻中華文化真是癡人說夢！試想五千年歷史凝聚的中華文化有多大的力量？「五胡亂華」二百多年、「元朝入主」一百年，「滿清統治」近三百年，無不被中華文化同化！就算世上具有最頑強獨特文化的猶太人，在元朝時到了中國，不久也被中華同化了！所謂「台灣本土文化」就是中華文化，請問如何「重塑」？民進黨那班台獨分子太瘋狂了，那幾名「台獨文化推手」的學者太無恥了！

(六)「正常國家決議文」

此後，民進黨為了現實需要（主要為選舉騙票），又在歷年的黨大會上通過多個所謂《決議文》，其中較重要的是 2007 年 9 月 30 的《正常國家決議文》。提出此決議文之目的，據說是要把台灣變為一個「正常的民主國家」；因為民進黨認為台灣目前現狀有「五大不正常」：

1.國際關係不正常

2.憲政體制不正常

3.國家認同不正常

4.社會公義不正常

5.政黨競爭不正常

　　細察該《決議文》的內容乃至該黨爾後實際的做法，針對第 1 項的「台灣正名」、「參與國際組織」，因有中共在國際上嚴格的限制，所以根本是做不到的。針對第 2～5 項，他們在島內大搞「轉型正義」、「制定新憲」、「建立台灣共同意識」、「破除一中原則」等四種實際行動，其實就是「去中國化」、「去孫蔣化」的「文化台獨」，這種在島內推展的台獨，又稱為「內殺型台獨」，即是蔡英文執政後搞的「柔性台獨」。

　　總之，無論「黨綱」或各階段的「決議文」，其「台獨」宗旨是不變的。對照李登輝後期常說的「台灣是一個主權獨立的國家，他的國號叫做中華民國」，乃至今天蔡英文常強調的「台灣主權」、「台灣主體性」等說法，可證他們的「台獨」心態是自始一貫的。

肆、「台灣主權」剖析

　　綜括上節後二項所述，從「民進黨」創立初期所說的「台灣國際主權獨立」（1988）、「台灣事實主權獨立」（1990）、「台灣主權現實獨立」（1991 台獨黨綱），到「台灣是一主權獨立國家」（1995 決議文），再到李登輝所謂「台灣已實現主權在民」（1995 在美國演講）、「台灣是個主權獨立的國家，現在的名字叫做中華民國」（1999），又到民進黨要把台灣變為「一個正常的民主國家」（2007 決議文），直到目前蔡英文不時喊的「台灣主權」、「台灣主體性」等等，可見現階段「台獨」集團主張「獨立」的核心終極根據只剩「台灣主權」一詞了。

　　問題是，何謂「台灣主權」？反獨的國民黨人，包括馬英九，當然反對這個提法，因為他們所認知的是，只有「中華民國主權」，沒有所謂「台灣主權」。「台獨」集團向來就詆毀這認知是一種「虛構」、「大而不真實的迷思」。然而，國民黨人的認知是依據中國歷史、中華文化以及現行《憲法》第二條而來，「台獨」集團根據什麼能如此詆毀？他們刻意（亦可能基於無知）把「主權」與「治權」混淆在一起，讓人搞不清所以，這也是一種文字遊戲；原來民進黨分子多屬學法律出身，他們最擅用遊戲文字來唬人，其實是束縛

自己心靈的「文字障」。因此，只有徹底分清「主權」
與「治權」的不同概念，才能真正不受他們的名詞愚
弄。

　　可是，要弄清「主權」與「治權」兩個名詞的概
念，並不容易，因為牽涉到西洋政治哲學的頂峰理論。
以下略說這理論。

一、西方的主權（Sovereignty）理論來源

　　依今天世界通行的政治學理論，所謂「國家」，必
要包涵四個要素：人民、領土、政府、主權。這便是
所謂「國家構成四要素」，前三要素較具體易知，只有
「主權」的概念十分抽象難明，歷來爭論很多。

　　西方現代政治學上的「主權」（Sovereignty）概念，
來自十六世紀法國哲學家布丹（Bodin）。他的「主權」
精義就是：國家有個至高無上的「力量」；憑著這個力
量，對外是排除其他國家侵犯制約的獨立性權力，對
內是凌駕支配這個領域內一切個人或團體的權力。

　　布丹的學說引起諸多討論。經過後來的霍布斯
（Hobbes）、盧梭（Roussean）、奧斯汀（Austin）等學
者的修正和補充，所謂「國家主權」有四種特性（永
久性、最高性、不可分性、不可移讓性），是迄今仍為
大多數學者公認的（詳見：鄒文海《政治學》、陳世鴻
《綜合政治學》）。

二、依論析事

　　茲依西方的主權理論，以及中華傳統文化的有關觀念，破析當前所謂「台灣主權」問題如下：

　　（一）永久性：

　　西方的主權理論認為，主權和它所附著的國家有同樣長久的生命，國家雖然發生革命，政府雖然發生變動，但主權不會在革命或變動中死亡或再生。這說明「主權」與「政府」是不同的概念，前者是不變的，後者可常變。

　　在中國傳統觀念，這種「主權不變」特性尤其明顯卓越。正如當代歷史泰斗錢穆先生所言：「羅馬帝國亡了，以後就再沒有了羅馬。唐室覆亡以後，依然有中國，有宋有明有現代，還是如唐代般，一樣是中國。這是中國歷史最有價值最堪研究的一個大題目。」（見《中國歷代政治得失》第二講）為什麼「朝代」可變，而「中國」永久不變？正是西方學者所謂的「主權永久性」之故。國民黨把「中華民國政府」遷到台灣，而中共在大陸建立了「中華人民共和國政府」，至今已七十年之久；到底何方是代表中國的「正統」姑且不論，但兩個「政府」的對立並不是「中國主權」的分裂或永久性的喪失，只是領土的一時分治罷了。這種情形在中國歷史出現很多，如漢末的三國、兩晉南北朝時的五胡十六國、唐末的五代十國等是；領土的分

治，傳統文化的說法是「河山破碎」或「地方割據」，但不管怎樣分治，依然是「一個中國」！

　　由此可知，今天的「台獨」分子卻妄稱「台灣主權獨立」，還否認自己是中國人，既不符西方的主權永久性理論，尤違逆中國傳統政治哲學，實是荒唐的癡人說夢罷了。

（二）最高性：

　　或稱為普遍性。這特性就是，一個國家基於主權；對外，獨立而不受任何其他國家的干涉；對內，凌駕所有個人及團體之上，施行全面的統治。應特別注意者，在民主時代，「主權在人民」，故人民在國家內有雙重性，一方面他們是國家的主人（主權所屬者），另方面他們又是政府統治的對象（治權的客體）。這就是孫中山先生深察古今中外的政治理論，創出「政權」與「治能」的「權能區分理論」的根據。所謂「人民有權」，指的就是主權屬於全體人民，而實施其主權則透過選舉、罷免、創制、復決四權行使。所謂「政府有能」，就是政府的統治能力，在中央分為立法、行政、司法、監察、考試五種能的行使。

　　由此可知，「主權」的概念比「政府」抽象複雜，學者分歧看法也多；能分清「主權」與「政府」的統治權（或治能）的不同意義，對於破解「台獨」的名詞唬弄，是重要的。具體言之，「中華民國政府在台灣」

只是治能（統治權）限於台灣地區，絕不是從而使得台灣有了「獨立的主權」。

（三）不可分性：

西方的主權理論認為，主權是不可分割的。 政府的統治權卻可以分成三權（立法、行政、司法）或五權（立法、行政、司法、監察、考試），或分為中央、地方之均權，這是政府的「治能」區分，而不是「主權」的分割。如七十年前中華民國政府從南京遷來台灣地區，而現在的中華人民共和國政府卻控制了全大陸，這只是「治能分據」，並非「主權分割」。

由此可知，「台獨」集團主張台灣地區有「事實主權」，是違背西方主權理論的謬說，更是違逆中華傳統文化的胡說。

（四）不可移讓性：

這是盧梭特別強調的特性，後世學者多數同意其觀點。按在古代西歐的王權時代，主權為國王所有，國王常把采邑（土地）封贈給諸侯，這不是「主權移讓」，只是「治能」移讓。西方到了民主時代，主權在全民，民意代表組成議會行使立法等權力，不是人民把「主權」移讓給了議會，也只是「治能」的實施，因為人民依主權的力量隨時可以把議員的權力收回來（以罷免、複決、重選等方式）。

由此可知，如 1895 年中國因甲午戰敗，把台灣割讓給日本，只是縮小了原有中國主權所行使的「領土」

範圍，而不是把「部分中國主權」移讓給了日本；更不是把「台灣主權」割讓給日本，因為台灣自身沒有主權。同理，1997 年中國收回香港，嚴格言之，只是「收回領土」或「光復香港」，不應稱為「主權回歸」，因為香港這塊領土本身沒有「主權」，收回這領土也不影響到英國主權。

綜上所述西方的「主權」理論，可證民進黨集團所說的「台灣主權獨立」等有關論據，是完全不成立的。只是因為西方的主權理論很抽象繁難，一般人想瞭解它並不容易，所以「台獨」集團就拿來唬弄人，而且唬弄了三十多年！我之所以費力作此澄清，是希望有助於社會大眾今後脫出此名詞唬弄的圈套。

三、兩岸現行憲法規定

其實，歪理只能騙部分人於一時，真理才能可大可久。現行《中華民國憲法》第二條規定：「中華民國之主權屬於國民全體」，這便是孫中山先生的「人民有權」思想的法制性宣示。所謂「國民全體」，指的是全體中國人；依《國籍法》規定，甚至包括全球的中國人（中華民族）在內。因此，「台獨」集團妄圖割出臺灣這塊領土而立另一個「主權」，那就等於同全體中華民族對抗了。

更嚴重的是，現行《中華人民共和國憲法》第二條一項只規定：「中華人民共和國的一切權力屬於人

民。」根本不採用西方的什麼「主權」概念，在《序言》中卻明白宣示：「台灣是中華人民共和國的神聖領土的一部分。完成統一祖國的大業是包括台灣同胞在內的全中國人民的神聖職責」。民進黨「台獨」集團如果再執迷不悟，仍以為在台灣的國民黨勢孤力弱，對他們沒有了辦法，故可以搞出個「台灣主權」來，把台灣這塊國土割出去，那就等於與大陸十三億同胞為敵到底，最後只有招來中共以武力討伐「民族叛逆」了。

伍、理性的回歸

　　我基於同「台獨」人士周旋及研究有關思想四十年的經驗，深知最終需以武力解決「台灣問題」的可能性不大。作如此推斷的理由是：很多的民進黨人士都有回歸理性正道之可能，絕大多數的台灣同胞在選舉時更會回歸理性的選擇，執迷「台獨」意識形態至死不改的人到底是極少數。中共既然堅持「和平統一」原則，自不會只針對那撮至死不改的「台獨」分子而輕率動武了。

　　爰以從個人到群體的回歸理性實況，作分別的實證。

一、個人回歸理性的例證

從 1978 年 12 月 5 日的「中山堂事件」算起，當年的「黨外人士」集團，組成分子本來很複雜，有左派的，有民主理想派的，也有只想選舉的政客，當然「台獨」派可能占了多數。當時他們之所以結合在一起，共同目標就是「反國民黨」。隨著國民黨當局採取「逐漸退讓」的戰略，即是使他們的「共同目標」發生了變化，這個集團的內部也逐漸分化了；很多人回歸理性的思考，作出了不同的選擇。為了闡明此理，以下特選九位標竿性人物為例證。

1.康寧祥

七十年代最重要的「黨外人士」，聲望比黃信介高。1975 年曾與黃信介合辦《台灣政論》月刊，對「黨外」運動貢獻很大。但康向來主張溫和的「議會路線」爭取民主，並不贊成激烈的群眾路線，所以和黃信介所代表的集團有大分歧。康雖然參加了 1978 年 12 月 5 日的中山堂集會，但事後卻不加入《美麗島》黑拳幫集團，而自辦了一個《八十年代》刊物，鼓吹溫和的「革新保台」理念。「高雄事件」他也不參加，乃保全了他自己不致捲入刑事追訴之中。這種明哲保身態度引起黑拳幫新生代十分不滿，1983 年「黨外編聯會」發起了強烈的「批康運動」，自此康與他們漸行漸遠。

這個編聯會就是後來的「新潮流」派系，直到目前仍是台獨集團在政壇上最強悍的團體。

2.余登發

最著名的「台灣民主先驅」人物，高雄縣最有勢力的民間派系（黑派）開創者。余登發本人及其家族曾做六任高雄縣長，多任國大代表、立法委員，在台灣是最顯赫的「政治家族」。在「黨外人士」集團中，他也極受尊崇。1979 年元月 21 日著名的「橋頭遊行」，康寧祥、許信良、黃信介、林義雄、陳菊等重要的「黨外人士」都參加了，為的就是聲援余登發，因為他當時捲入了「吳泰安間諜案」，由此可證他高地位之一斑。余登發雖因反對國民黨而名列「黨外」集團，但他卻有深厚的中華民族感情，堅決反對「台獨」。1988 年他與胡秋原同任《中國統一聯盟》首屆主席，並曾率團到北京參訪，大受北京禮遇。

3.費希平

是老立委。「高雄事件」後，同情被捕的「黨外人士」，常以立委身分聲援他們。後來直接參加「黨外公政會」，且出任首屆理事長。此會就是「民進黨」的前身。1986 年 9 月 28 日「黨外人士」集團在臺北圓山大飯店集會，本來召開的名目是針對年底國代立委選舉的「後援會」，經朱高正率先提案「立即組黨」，在

場人士熱烈響應，於是費希平宣告：「民主進步黨正式成立」！他因此而名列「創黨委員」的第 2 號。費老雖然主張「民主」而反對國民黨，但他絕不贊成「台獨」，並主張國會全面改選後應保留「大陸代表」，以免同大陸斷絕且淪為「台灣地方議會」。此種情懷與「台獨」思想完全不同，故常被把持民進黨的「台獨」分子辱罵壓迫，於是費希平在 1988 年 12 月 19 日發表《退黨聲明》，痛斥民進黨內一些人「不但台獨思想異常濃厚，而且有法西斯的霸道作風」。

4.陳鼓應

原是國民黨員，在台大時鬧出個「哲學系事件」轉向反對國民黨。1978 年底為了選舉，與台獨分子陳婉真聯名發表《告中國國民黨宣言》，我去中山堂就是因看到這篇宣言而起的。在中山堂集會上，我親耳聽到陳鼓應發表激烈言論，指「國民黨的黨官已變成叛逆」，因為他們「只照顧大財團，不照顧工農群眾」云云。他的思想非但不是「台獨」，反而傾向中共的左派理念，故被人稱為「小左派」。中山堂集會後，由於美國與北京建交，當局作了停止選舉的緊急處分，陳鼓應不久便去美國轉到北京教書，從此脫離政治，專攻《老子》學術研究。當時同陳參加「黨外人士」集團的黃順興、何春木、孟絕子等人都是「小左派」，不久

也脫離了該集團，黃、何二人且到北京發展自己的事業領域去了。

5.林正杰

　　本為國民黨員、眷村子弟。70 年代中期因幫助康寧祥、郭雨新、許信良等人的競選活動，轉而反對國民黨。林正杰長於街頭政治活動，敢說敢做，有「街頭小霸王」之稱。1981 年他與陳水扁、謝長廷當選為臺北市議員，常聯合質詢，言辭犀利，弄得國民黨頭痛不已，有「黨外三劍客」之稱。1988 年加入民進黨，在黨主席選舉中，支持黃信介，批評姚嘉文，黃信介因此將林正杰列入該黨的中常委。1991 年因「台獨條款」列入《黨綱》之中，林正杰大表不滿，於 6 月宣佈退出民進黨。2015 年支持洪秀柱，洪出任國民黨主席時，林正杰恢復了國民黨籍。總之，林正傑敢說敢幹，在 80 年代對「黨外」集團貢獻不少，只因思想反對「台獨」，終無法在此集團立足。

6.沈富雄

　　為民進黨內少數學有所成、思維敏捷之士。1966 年他已在美國取得醫學博士學位。70 年代在美國常參加「台獨」活動，直到「民進黨」成立後才回到台灣做醫生。1992 年起，代表民進黨連任了四屆立法委員，曾被一些傳媒評價為「最佳立委」。陳水扁當政時，

沈富雄常加批評，有黨內「孤鳥」之稱。2007年宣佈退出民進黨。嗣後常在電視節目中批評時政、褒貶人物；表現得頭腦機敏、口才便給，有「智多星」之譽。總之，沈富雄給人總體印象是一位才智之士，他早年之所以參與海外的「台獨」活動，只是基於「民主」理想，但本質不是「台獨」，所以最後終必回歸理性，離開了一個他認為「已經沒有了價值」的民進黨。

7.朱高正

德國哲學博士，專研康德，有多種著作。1980年代中期，回台灣即熱心政治，參與「黨外」集團。1986年9月28日「黨外中央選舉後援會」在臺北圓山飯店開會，就是朱高正率先提案「立即組黨」的，所以他對「民進黨」的功勞很大。嗣後他當選了增額立法委員，以一個博士身份卻喜「暴力問政」，其言行常轟動社會，乃有「國會戰神」之稱。1991年他因不贊同「台獨」，退出民進黨，後來自創「中華社會民主黨」，又曾加入「新黨」。1998年後退出政治，專心到大陸研究哲學。在90年代初，朱高正對李登輝的種種做法很不滿，曾在報上發表《天下至廣，非一人所能獨治》公開信，痛斥李登輝，內容精彩。最近發表文章說：「台灣從四小龍之首搞成民不聊生，禍首就是李登輝」，又說：「民進黨從來沒有主張台獨，只是反國民黨一黨專

政。如今民進黨已經不是民主政黨，變成舉著台獨旗幟的幫派及犯罪組織！」

8.陳文茜

　　追求民主理想的才女型人物。原在美國求學，1995 年回台加入民進黨，且出任「文宣部主任」之黨職。她反對民進黨的「台獨」主張，四年之後即退黨，自此以無黨籍身分，在李登輝、陳水扁執政時，常批評當局，很快贏得社會聲望。2001 年選上立法委員，在立法院的發言多受媒體注意。她在立委任內做了二件重要的事：2004 年 3 月 19 日發生槍擊陳水扁案，當天晚間她在記者會上說：「槍擊案是陳水扁自導自演的」，且有奇美醫院的小護士為證。雖然那位「小護士」迄今都未出面證實，但「自導自演」的說法仍使許多人迄今深信不疑。其次是在立法院以法律技巧寫了一個《公投法》草案，實際是個不可能成案的「鳥龍公投」，由是她一直被民進黨人痛罵。直到 2017 年 12 月民進黨修改《公投法》，變成很易成案，2018 年 11 月地方九項選舉，夾上了 10 項公投，結果全過關而對民進黨不利（詳見後文），使蔡氏台獨集團十分困擾，很多「民進黨」人反而覺得「鳥龍公投」的設計是高明的了。陳文茜當了一任立委就不再選，從此投身大眾傳播領域，對社會大眾的影響更大了。

9.鄭麗文

在台灣大學法律系就讀時，就熱心學運，常參加民進黨的街頭運動。後到美國留學，修得法律碩士學位。回台灣即加入民進黨，出任「台灣人權促進會」秘書長。1996 年代表民進黨選上國大代表，並任黨團副總召集人。又當民進黨「青年部主任」。2000 年陳水扁執政，許多舉措與她的理念不合，於是漸漸公開批評當政者。2002 年終於退出民進黨，並到英國取得劍橋國際關系博士學位。2004 年 3 月 27 日，因陳水扁靠二顆子彈當選，泛藍團體在總統府廣場大集會抗議大選不公，鄭麗文公開主持大會，表現出色。次年國民黨主席連戰主動爭取她加入國民黨，後並擔任黨中央「文傳會」副主委兼發言人。嗣後常在新聞媒體出現，公認她是一位有內涵且年輕貌美的女性政治人物。

除了上列九位之外，還有更多的民進黨人或當年的「黨外人士」早已回歸到理性的道路，只是篇幅所限，在此不能一一列出了。

二、群體回歸理性的例證

除了個人回歸理性之外，整個社會的「群體」普遍回歸理性更是值得注意的。2018 年底的「地方九合一選舉」結果，憑韓國瑜一個人便把民進黨長期盤據的高雄翻轉，不但獲得了市長勝選，而且還形成席捲

全台灣的「韓流」，令民進黨慘敗。何以會有此奇蹟？回歸理性的民心好比一堆乾草，韓國瑜的競選風格好比一枝火把，一下子就點起熊熊烈火了！

尤令人驚奇的是，自 1991 年民進黨通過《台獨黨綱》以來，不斷高唱公投，此次果然以十項公投綁著「九合一選舉」，結果民進黨全輸：其中的七項（反空氣污染、反深澳蓋電廠、反日本核汙食物入口、以核養綠發電，以及反同性婚三案）是對民進黨不利的，全部通過。其餘三項（東京奧運用台灣名義參加、同意同姓婚姻二案）是對民進黨有利的，全被否決。這種結果充分證明瞭民眾的的理性選擇，嚴重挫傷了「台獨」的威信。誠如中共說：「依靠台灣同胞」，此言證實了。

四十年來反「台獨」的體驗，使我堅信，無論從什麼角度作探討，「台獨」都是錯的：在道德上是不符人性的（下節詳）。在文化上是荒謬的。在國際上是不可行的。用「台獨」意識在國內政治競爭，根本就不是民主政治，終究不得善果的。對民生經濟發展絕對不利的。

尤其不利於民生經濟發展這一點，已完全被這次「九合一地方大選」的結果證實了。民進黨「台獨」分子統治了高雄市廿年以上，搞到欠債三千億，民窮財盡，韓國瑜高呼「人進得來，貨出得去，高雄發大

財」的簡單口號，聲稱要救「又老又窮的高雄」，登時
喚醒了高雄人的普遍理性，他就大獲全勝了！

三、「台獨」的根本錯誤

　　本項的論斷來自儒家孟子的「良知」論及西方哲
學之啟示，「台獨」最根本的錯誤，還在於它的思想及
主張不符人類的「道德理性」。按人與禽獸的最大分
別，就是人有天生的「道德理性」，禽獸沒有或者極少
這種理性。這不是一種「學說」，而是經過確證的。孟
子以「四端」證實了人有良知良能，所謂「良知良能」
就是道德理性。人類天生對父母祖先有感情，也知道
應報答養育之恩，這就是「道德理性」的起碼表現。

　　中華文化有五千年的優秀傳統，在這傳統養育下
的人群稱為「中國人」或「中華民族」，正如牟宗三先
生說的「中國不是個政治單位，實是一個文化單位」，
故中國不只是現代西方觀念的「國家」（State、
Nation）。也正如錢穆先生說的：政治性的朝代不管怎
樣更換，唐、宋、元、明、清都是同一個中國；在悠
久優秀的中華文化籠罩下，整體就是「中華民族」，每
個分子（個人）都是「中國人」，故每個中國人都尊重
中華文化，都不能數典忘祖，這便是「道德理性」的
自我要求。

　　近三十年來的「台獨」分子，僅僅為了政治的一
時性原因，甚至為了滿足個人短暫的欲望，居然不承

認自己是「中國人」，還妄想以「台灣主體性」之類的荒謬理論來否定中華文化，這已經不是政治問題，更不是甚麼「民主」問題，正如胡佛教授晚年所說的，實是上升到頂峰的「道德敗壞」問題了，可能就是喪心病狂了。

何以言之？依德國大哲康德哲學，道德理性是一種「無上命令」，人是必須遵從的；不是別人強迫我去遵從，連上帝也不能強制我遵從，只是我自己的良知命我必應如此；我既是一個「人」，不是一頭野獸，就自當如此。反之，若一個人心智出了大問題，就不服從自己的「無上命令」了，這種人就俗稱「喪心病狂」了。民進黨中有少數「台獨」分子，不但否認自己是中國人，而且要否定中華文化，必然是心智出了問題。我之所以一生堅持「反台獨」，根本原因在此。我之所以堅信「台獨」必被中華民族掃入歷史灰燼，根本原因也在此。

陸、台灣價值

「台灣主體性」及「台灣價值」兩個詞語，是蔡英文及「台獨」人士近年常說的。這兩詞語抽象而具「學術」味道，縱是高水準的人也不易理解，一般群眾更難明白了，所以又較有欺騙性；玩弄文字遊戲本

來是他們的慣技。其實這兩詞語很簡單，前者所指就是達成「文化台獨」目標的各種「去中國化」手段，後者所指就是把台灣建成一個「獨立主權的國家」的「台獨」目標。

如前所述，1991 年《台獨黨綱》中第 3 項主張及 1995 年《台灣前途決議文》中有關「文化台獨」的論述，早已明白點出了：

> 在發展國民意識上，我們亦推動了國民教育教材的本土化，重塑了國民對台灣歷史文化的認識。

後來透過一些台獨學者著作（例如 2007 年政大教授薛化元有《建構台灣主體性與國家認同正常化》一文），把這些「去中國化」的具體行動稱之為「台灣主體性」，故這個詞語就是文化台灣的「總路線」了。最可笑的例子是，在陳水扁時代當上教育部長的杜正勝，為了「實現台灣主體性」，竟然把台灣地圖轉變成為「世界中心」，當時還引起文化界一致的批判和恥笑。

一、「台灣價值」一詞的來源

至於「台灣價值」詞語，是 2018 年 1 月 22 日蔡英文針對臺北市長柯文哲首次提出的。當時她接受一家電視台專訪，回答「柯文哲是否為民進黨的盟友？」

問題時，這樣說出這個詞語：「柯文哲必須再次確認台灣價值，讓民進黨支持者認可」。因為前此不久，柯文哲主張「兩岸一家親」，被綠派大罵，故有此專訪問答。此問答一出現，引起各路人士整年議論紛紛。蔡英文在拋出此詞語之後第四天，即同月 26 日，偕柯文哲視察臺北市的公共住宅時又說：「台灣價值除了主體意識外，照顧年輕人的居住權利也是台灣價值」，可證在她心目中，「台灣主體性」與「台灣價值」是連結的，兩者是二而一的東西，實質就是「台灣主權獨立建國」，不過她用玩弄名詞方式而不明白說出來而已。但一些「台獨」分子便明白的說了，例如姚嘉文、陳菊就曾公開地解釋：台灣價值就是「主權獨立」、「前途自決」。

有趣的是，曾任民進黨文宣部主任的陳芳明教授卻說：「2018 年九合一選舉，蔡英文從一開始說以台灣價值自居，一個空洞的名詞導致民進黨完全失去原有地盤。」另一位民進黨資深黨員邱筱芬更激烈地說：「台灣價值陪著蔡英文壯烈成仁，一起燃燒至灰飛煙滅，民進黨 32 年的根基被蔡英文一次敗光」。由此可證，蔡英文說的「台灣價值」，連許多民進黨人也不讚成。

二、「價值」的複雜性

　　蔡英文一提出「台灣價值」，立即引起各界人士的質疑，很多人且提出自己認定的價值，這現像是必然的，因為所謂「價值」，既有個人認知不同的歧異性，又有高低的層級性。

　　關於同一個事物的「價值」之歧異性，南傳佛教經典上有個有趣的譬喻：一位天真小孩子、一位鄉下人、一位銀行家，這三個人看到同一堆放在桌子上的鈔票，各人「認知」的內容是完全不同的，也就是這堆錢對他們的「價值」是各有歧異的。小孩子看到的，是一堆有彩色的長方形的漂亮紙片，覺得很好玩。鄉下人看到這堆錢，知道可以買許多自己想要的東西。銀行家看到它，不但瞭解在交易上的用處，而且還知道這堆紙幣是何處印造的、是真鈔還是假秒，甚至還瞭解經濟學上的通貨理論。由是，在五蘊（色、受、想、行、識）中，那個小孩子的「知」是「想知」（即見事物的殊相而起「玩」這個名言概念）。那位鄉下人的「知」是「識知」（即一般人瞭解錢可購物的價值），只有銀行家才有通曉全域的「知」，這種知才是「智慧」。換言之，同一堆鈔票，對這三個人的「價值」是不同的；這是主觀的價值。（詳見拙著《現代佛學別裁》第六章慧學節）。

但「價值」不純是主觀的，同一事物也可有其客觀的價值，而且此種價值有層次高低的不同。當代大哲唐君毅先生指出，客觀價值有三個等級（詳見氏著《文化意識與道德理性》第四章）：

第一類富貴的價值：

「富貴」是人的欲望對象，包括錢財、美色、權力、名聲等。此類價值通常只會引起他人一時的嫉妒，不能恆久被他人所贊賞。

第二類才藝的價值：

如知識、才藝，以及其他對人對事的才幹技能等。一個人若有此類價值，就足以刺激他人的向上心，喚起其潛伏的求真求美求才的性向，以期自己也能得到這種價值。故有這類客觀價值，恆獲得他人普遍性承認、贊賞。例如李白、杜甫的詩，王羲之的書法，張大千、齊白石的畫、獲得奧運獎牌的運動員、獲得大獎的演員、獲得諾貝爾獎的學者等等，都是此類客觀價值。

第三類道德的價值：

這是人類最高的價值。一個人只憑自己的意志行為表現，就獲得他人真心的崇敬，而且奉為仿效的榜樣，就只有道德價值，才能達到這個境界。如在齊太史簡、在晉董狐筆、在漢蘇武節，乃至關公的忠義、岳飛的精忠報國、文天祥的捨生成仁，都是凜烈萬古存的客觀性道德價值。

　　所謂「價值」既有如上述的複雜性，這就難怪蔡
英文拋出「台灣價值」一詞語，會引起各方的質疑及
意見紛紛了。我綜觀各種見解，蔡英文所謂的「台灣
價值」仍是指向「台獨」，不過以較含糊的「文青」式
語言說出來而已。至於「台獨」分子所說的內涵是同
蔡英文一樣的；非「台獨」人士所說的「台灣價值」
大抵只屬低層次的「想」、「識」之知，未達最高層次
的道德理性之「慧見」。

三、「台灣價值」的標準

　　管見以為，台灣的最高層次的價值，必是與全體
中華民族前途有密切關連性的價值，才是道德理性的
智慧選擇。至於如何達至這境界，我在去年初才出版
的《南懷瑾研究》有段這樣的話，可供參考（詳見臺
北蘭台出版社出版此書及大陸浙江出版社版《通家人
師南懷瑾》第八章）：

> 南懷瑾先生早在四川時，年紀也不過廿多歲，
> 就體會到中國文化衰落的憂慮。到臺灣以後，
> 更親身見到日本統治五十年後此地變成「文化
> 沙漠」的實況，因而發出「國家不怕亡，亡了
> 還有辦法復國。如果文化亡了，則從此永不翻
> 身」的深沉喟嘆，所謂「天下興亡，匹夫有責」

　　自此他決心要盡一己之力來繼承發揚中華文化的慧命；可以說，他一生做的就是這件事。

　　南先生這種思路，顯然不是出自他個人的偏好，更不是出自一位讀書人即興式的浪漫，實在是出自深沉的睿智，且有其歷史客觀性根源者。早在 1980 年間，他在臺北講《老子》時已指出：

　　照歷史法則的推演，應該是丁卯年（1987）以後，我們的民族氣運與國運，正好回轉走向康熙、乾隆那樣的盛世，而且可以持續兩三百年之久。

　　這段話是南先生深沉睿智的最有力證明。試想，他下這論斷時，距鄧小平宣告「改革開放」政策不過一年多，根本談不上成效，當時國際諸多領袖人物對之且不看好，此時南先生便作此斷論，若說他沒有推演歷史的睿智，曷克臻此！大局發展了四十年後的今天，中國大陸昂然成了富強之邦，當年瞧不起中國的列強現在都刮目相看了！這就更證實了南先生確有先見之明。

　　依我看，中華民族如今正力求復興傳統文化，必將「以人文化成天下」，中國夢之實現就不止是「漢唐盛世」或「康乾盛世」，而是以全球爲範域的「周朝擴大模式」，也是大有可能實現的了。所謂「周朝擴大模

式」，就是以中國現有領土版圖爲京畿，在保持世界各
國各民族原有的特色、尊重其本有的權利之原則下，
以文化的同化力去融和世界各國，以經濟力去幫助全
人類，由是自然形成類似周天子與各國諸侯的關係。
這是「王道」精神使世界走上「大同」之路了。當然
此事牽涉極多問題，希望各界有道之士多加詳研。但
我確信，這是中國有識之士的思想主流；盱衡當前大
勢，這理想的實現是大有可能的。

　　南先生這條思路，就是百多年來近代中國的主流
思想。同時代的學術文化界的代表性人物，如梁漱溟、
熊十力、馬一浮、張君勱、方東美、牟宗三、唐君毅、
徐復觀等大哲的思想，都是與這條南先生思路同性質
的。這主流思想的精義是：

　　1.中華民族自 1840 年代以來，受盡外人的欺凌，
中國人必須要奮發自強，力求民族的復興。「天下興
亡，匹夫有責」這是中國精英分子的使命，故中國人
百多年來所有代表性思想，無不指向復興中華之總目
標。

　　2.求民族復興的具體方法，就是以中華文化為本
位，吸收融合全世界各民族的優良文化。這樣的融合，
可說是「中華文化第三次大融合」；按首次融合是春秋
戰國時代的諸子百家學說和鳴共震，第二次融合是隋
唐時代融入印度佛教文化。「有容乃大」本是中華文化

的最優特點，中華民族也因此而可大可久；所以此第三次大融合是必然成功的。

　　3.在融入西方文化方面，迄今仍是「五•四運動」時所立的兩大目標：「科學」與「民主」（賽先生 Science 與德先生 Democracy）。前者指科學的研究精神與科技器物的學習與精進，內容較直捷單純，故近百年來中國人齊心努力，今天已有很大的成就，中國大陸亦因此而崛起為富強之邦。「民主」目標則複雜多了，它涉及思想與制度極繁雜的諸多問題，稍有不慎，便會釀成災難。早在張之洞時就主張「中學為體西學為用」，而光緒的「百日維新」卻釀成大禍，孫中山先生的「五權憲法」設計更是具體採用了西方政制，而中共在改革開放前的政制則多為蘇聯模式的。總之，無論引入什麼政制模式，都是希望能為我中華民族復興之所用；但努力了一百多年，其間已經歷許多曲折災難，迄今仍在摸索中前進。今天中國人已深刻認識到：西方民主政制，尤其美式民主，固然有其長處，值得我們學習，但未可奉為「普世價值」，必須善於取捨，方不至發生危險。近三十年來，中共提出要走「中國特色的社會主義道路」，十九大更進一步宣示「四個自信」（中國特色的社會主義道路自信、理論自信、制度自信、文化自信）。但到底前三個「自信」的具體內容是什麼？在美國的著名華人學者李成於2016年底接受英國《金融時報》專訪所說的，不失為好解答：

中國不會成為與西方完全一樣的民主國家，但在政治制度方面正進行有價值的探索。因循守舊和顛覆性巨變都不是中國政治制度的出路，漸進的、制度化的不斷變革才是中國應該尋求的第三種政治發展途徑。

中國政治制度不是一成不變的，過去二三十年發生很多微妙的變化，它在進行很多非常有價值的中國式探索和試驗，尋找中國自己的制度化乃至民主化路徑。這種探索不是中國獨有的，世界上任何一個國家的民主都有自己的特色，任何兩個國家的民主模式也沒有完全一模一樣的。

4.不僅要融入西方政制，還要把中華文化的優良因素推廣到全世界。這是終極性大融合，吾人要特別注意！早在 1958 年元旦，牟宗三、唐君毅、張君勱、徐復觀四位大哲聯名在香港發表了《為中國文化敬告世界人士宣言——我們對中國學術研究及中國文化與世界文化之共同認識》。這篇長達四萬字的大作就是主張：我們不但要把西方的民主政制及科學精神融入中國，而且要進一步把中華文化的優良特質擴及全世界，亦即揭示了全人類走上「大同」的可行途徑。

具體來說。中華民族固應吸收西方文化的「方以智」精神（主要是指：科學思想及科技特長、客觀化

的民主政制，乃至宗教精神之虔誠）來充實自己；相對的，西方也應學習中華文化的「圓而神」精神（主要是指：天人合一之理想、成聖成賢之學、悠久無疆的歷史意識，乃至天下一家的情懷）。這樣，便是真正做到了東西方文化的匯通，世界上每個人都成為孟子所說的「天民」（不再是哪一國之民，而是天下之民）了。這樣，不但「中國夢」成真，而且中華民族自古以來的「世界大同」理想也實現了！我想，習近平先生所說的第四個自信（文化自信），應是指此而言者。

四、台灣的最高價值 —— 中華民族的「民主試驗區」

顯然，符合上列四條現代主流思想精義的，才是最高的「台灣價值」。那麼，如何落實這最高價值呢？記得我在 1990 年 5 月間首次訪北京，同中共多位高層人士談過兩岸大局，他們對老蔣先生當年所說「建設台灣為全中國的模範省」的提法，很是讚賞的。今天如果依這條思路去探索及實踐，應是「台灣最高價值」的好思路。具體言之，就是：

1.海峽兩岸雙方官民皆應努力，維持和平穩定、雙方致力於經濟的發展。尤其面對今天台灣社會的經濟困境，宜支持韓國瑜的理念，幫助台灣民眾解脫貧窮困境，才是當務之急。套句鄧小平先生當年決心改革開放的名言：台灣當前求經濟發展才是「硬道理」！

　　2.台灣內部的政治問題，在求兩岸和平的原則下，就依民意之所向，照現狀的「民主模式」，導向理性的方向去逐步轉化與發展即可。我相信，在「台灣求經濟發展」、而「中共亦不放棄武力」的方向與護持下，台灣內部的理性回歸自然會加速而擴大的。

　　3.中共在追求「中華民族偉大復興」目標的過程中，宜把台灣看成是一個「民主政治實驗區」，不必急著統一，尤其盡量避免武力解決。在台灣試驗過的政制，如認為有適用於大陸的，就引回去推行。不適用的，就不予理會。這也就是「台灣價值」的頂峰了。

　　《中庸》有云：「曲能有誠」，能如上述三點思路去實踐，自必有統一的時機出現。這也就是落實了習近平先生在《告台灣同胞書》發表四十周年大會上的昭示：「深化兩岸融合發展，夯實和平統一基礎」。當然也是「五四運動」所立的「民主「目標逐步完善了。

　　蔣經國先生在四十年前說過：「台獨就是台毒」。習近平最近也說了：「台獨是歷史逆流，是絕路」。不佞以「反台獨四十年」的體驗，深知海峽兩岸這兩位領導人所說完全正確！既是「台毒」，台灣同胞終必唾棄之。既是「逆流、絕路」，必被中華民族的歷史主流所淹沒。

　　　　二〇一九年元旦成稿
　　　　編注：本文原為《反獨護國四十年》
　　　　巨著的結論，勞政武編著。

國民黨何去何從

勞政武

　　本文原為 2020.02.09 應邀在《全統會》的演講提綱，全程已製作成錄影。茲略充實內容發表，以就教各界。

壹、前　言

（一）國民黨此次選舉大敗，香港以青年為主、長達七個月的「反送中運動」，被蔡英文巧妙運用，才是主要因素。

（二）國民黨的不爭氣，主要責任在領導無方。

（三）國民黨自身的本質問題。從歷史檢討，它從來就是個「勝敗循環」的政黨。

（四）現在有郝、江二組人馬出來爭選黨主席。我細看他們的主張，能否挽狂瀾於將倒，恐怕並不樂觀。故接受此次演講，以表微忱。

貳、「政略」目標分析

何謂「政略」？（政略→戰略→戰術→戰鬥）這是滕傑先生首提的理念。最好的例子是，諸葛亮在《隆中對》提出的「聯吳拒曹」，就是劉備今後的奮鬥最高原則，即「政略」。後來不幸被關羽破壞了此政略，致劉備有火燒連營之大敗，乃抱恨命終於白帝城。

一個政權或政黨，可有各種分殊的戰略，如「軍事戰略」、「經濟戰略」、「文化戰略」等等，而在所有戰略之上必應有個總體大目標，或稱為總路綫，是為「政略」。茲分析現狀如下：

（一）**中共現在政略**：

不忘初心、堅持使命，就是揭示「為中國人民謀福利，為中華民族謀復興」大目標。此目標與國民黨原是一致的。

（二）**民進黨現在的政略**：

備戰（聯美拒中）、民粹、分離（反統一）。

（三）**國民黨現在應有政略**：

和平、民主、統一。如果諱言統一，那就不再是「中國國民黨」了。

叁、如何證成國民黨此政略？

1.孫總理之「道統」論及遺囑之昭示（在求中國之自由平等）。

2.蔣總裁遺囑中四要點：實踐三民主義、光復大陸國土、復興中華文化、堅守民主陣容。吾人若細加分析，此四點現已被中共實現了一半以上，故國民黨今後必應循「寧共毋獨」原則奮戰，否則必無勝利之可能。

國民黨實踐此「和平、民主、統一」政略，即是恢復了「黨魂」。

據上所述原理，細查今天郝、江等人的言論，只是空泛之言或為了拉選票的「戰術性」手段，遠未及政略高度。須知：若政略、戰略錯亂，是戰術戰鬥所不能補救的。是故，吾人對國民黨的前途不敢樂觀。

肆、「新周朝」的建構

1.如當代大哲牟宗三所說，「修德愛民」是中國五千年來道統的核心觀念。三千年前周公「以人文化成天下」從制度（禮樂）上奠定了中華文化的宏厚基礎。再經過孔孟的仁義思想闡揚於民間，終於開成了中華

文化一貫之道統。就是憑此道統，中華民族成其可大可久的大業。正如當代史學泰斗錢穆所說，無論「朝代」怎樣變遷，但「一個中國」永遠不變。這是世界史上的大奇跡。今天蔡氏台獨集團妄圖否定「一個中國」，不啻螳螂擋車罷了。

2.經過七十年的曲折演變，今天中共已接受了這「道統」，不但國力大盛，而且要「復興中華」，還要建立世界人類「命運共同體」，要以優越的中華仁義文化去同各國相處。這樣發展下去，我認為將會出現一個世界規模的「新周朝」。所謂「周天子，八百載，最長久」，一個以中國版圖為「京畿」、以世界各國為「列邦」的大同世界建構，孫蔣二公信徒怎能缺席？懷抱「有為者亦若是」壯志才對。

伍、危言建議

如今，蔡氏台獨集團顯然正在運用「中華民國」這國號，說「始自 1949 年」，妄圖割斷與大陸的關係，以加強「借殼上市台獨」的伎倆。如國民黨對此新情勢無力扭正，「中華民國」便加速滅亡了。因為蔡氏等於把此原為「正統」的政權變為「偽政權」，其性質就像袁氏洪憲、偽滿州國、汪氏偽政權一樣了。自更有利於中共「討伐僭偽、申張正義」而隨時可興統一之

師了。吾人該如何應對此結局？

1.回想前年以來每場造勢的國旗飛舞的熱情，對此不幸結局，凡愛中華民國之士當然極為難過。但須明白佛家有言：生、住、異、滅原是一切事物的必然。中華民國有光榮的歷史成就，且也存活了 109 年，比秦、隋、元朝都長了。老子有云：「功成，名遂，身退，天之道」，吾人必須用智慧看此事，才不會為之恐懼、頹喪。愚意是：即使中華民國在蔡氏台獨集團的胡搞下滅亡了，中國國民黨仍要奮鬥下去！直到新周朝建成為止。

2.由此大目標而觀之，臺灣無窮的選舉中之選票問題只是小事而已。國民黨主席若只知執其小而忘其大，恐怕連黨的前程也凶險了！

2020.02.25

何謂「寧共毋獨」？

勞政武

我在日前發表的《國民黨何去何從》一文，其中提到「寧共毋獨」一詞。有學者透過吳信義會長垂問此詞的涵義，相信很多好友也有此疑問，故一次為文作解如下。

一、此詞原是 1990 年《全統會》創會會長滕傑先生提出的。詳見《從抗日到反獨——滕傑口述歷史》（淨名文化中心民 106 年出版）第 436 頁，又見《全統會簡介》第 30 頁。

二、當時（1990 年 5 月）滕傑先生特派《全統會》監事長鄧文儀為團長、勞政武為秘書長，組成一個九人團，首訪北京。蒙中共中央以最高規格接待（住釣魚臺國賓館、鄧文儀蒙鄧小平接見，勞政武蒙聶榮臻、徐向前二位元帥接見）。此行主要目的，除了實地瞭解北京動向之外，就是秉承滕先生之命，向中共表達國民黨今後擬走的「寧共毋獨」大方向，看看中共的態度如何。結果是：中共對此方向大為讚賞。（此事由

勞秘書長向黃埔同學會秘書長楊蔭東先生表達，並獲讚賞之回應）。

　　三、如今應進一步闡明此詞更深刻的涵義，就是：（一）毛澤東在國共內戰時期，以「人民戰爭」的天才手段打敗國民黨，固屬「建國有功」。但他統治大陸27年，卻是「治國無能」，甚至是「治國荒唐」的！老子說：「以正治國，以奇用兵，以無事得天下。」毛氏卻反其道而行，一味以戰爭的詭計來對付百姓、來「大躍進」，造成的史實是：從「鎮反」到「文革」，直接間接在毛氏好鬥成性的殘酷迫害下，死難同胞五千萬以上；最後連許多中共開國元勳如劉少奇、林彪、彭德懷、鄧小平等都受到殘酷的迫害；而他治國結果是搞得民不聊生、一窮二白；被外國人看不起。其「暴戾性」與「昏庸性」實為歷代君王所未見。故在此階段，國民黨在臺灣堅持反共，是對的。滕先生在當時提出「革命民主」路線輔助蔣先生，也是正確的。幸好有鄧小平的改革開放之「撥亂反正」，徹底改弦易轍，子不云乎？「知過能改，善莫大焉」；如果現階段國民黨人還是反共，那就變成國民黨是「為反對而反對」的昏庸大錯者了。

（二）如今大陸對毛氏不能批判，是為了政局穩定，誠可諒解；但亦不宜褒揚，一切留待歷史評價可也！蓋中國人最重歷史，歷史等於中國人的宗教，終必有

公正的評價；就像西方人信仰上帝，歿後終必回到上帝那裡接受審判一樣。故若謂毛氏「使中國站起來了」就是不公正的，實際上是蔣中正使中國站起來了。蔣先生領導八年抗戰擊敗日寇，這是南宋八百年以降中國盡受倭寇欺凌的首次勝利！中國自此成為世界「五強」之一，廢除了全部不平等條約，並創立了聯合國。故說毛澤東「使中共站起來了」誠無不可，說他「使中國站起來了」，不過是出於「勝者為王」情緒而貪冒了對手之功而已。

（三）今天大陸評價鄧小平「使中國富起來了」，倒是真的。至於評價習近平「使中國強起來了」，最後結果是否真如此？姑且勿論；起碼每一位有理智的國民黨人皆希望如此！蓋國民黨二代領袖孫、蔣二公勞瘁終生，無非就是希望中國富強。所以我在前文中呼籲，這是一個「新周朝」的建構，國民黨人不能缺席。習主席成功，就是全民族的成功，當然也是國民黨人的成功！這也就是「寧共毋獨」的最深刻的時代意義。

　　四、須知，「台獨」既反中國，不承認自己是中國人，甚至反中華文化，故其本質純是民族敗類。國民黨人本於民族大義，當然應與全民族同胞、包括中共在內的所有黨派，團結在一起全面反對這種「民族敗類」，否則便阻礙了民族復興的完成！這就是「寧共毋獨」路線的真諦。

109.03.04

疑問與意見

勞政武

對黃年先生大作的看法

　　細閱 109.3.8 聯合報 A12 版黃年先生大作《北京在五雷轟頂下的思考》及連接《希望習近平先生看到此文》兩文，一如黃先生在「大屋頂下」連續性評論，一貫表現出維護中華民國之苦心，令人敬佩；其見解深入、理路清晰，尤應肯定。惟二文所涉問題甚多，以下僅就犖犖大者而提出管見，其餘則從略。

壹、「馬克斯主義」的理想問題

　　黃先生大作認為：十九大後，中共又以「廿一世紀的馬克斯主義者」自期，這與「有中國特色的社會主義」矛盾。因為，鄧小平一輩倡議「有中國特色的社會主義」，是要為中共解去馬毛枷鎖。現在為什麼要把枷鎖又套回去？

　　愚見以為，黃先生應是有所誤會了。據我所瞭解，

中共現在提「馬克思主義」（共產主義），當然不是指一如當年革命時期，把它當作號召群倫的、即可實現的革命目標，而是只把它當作一種「終極目標」的精神性理想，其作用正如中國儒家思想把「大同世界」懸為終極目標一樣。此點從中共現行《黨章・總綱》所言：「中國共產黨人追求的共產主義最高理想，只有在社會主義社會充分發展和高度發達的基礎上才能實現。社會主義制度的發展和完善是一個長期歷史過程。」可得確證。

猶記 1990 年初，南懷瑾先生曾對到訪香港的北京高層人士鄭重提出四項指標：「共產主義的理想、社會主義的福利、資本主義的管理、中華文化的精神」，作為中共今後努力之大方向。他的建議，獲得當時江澤民以次的多位中共高層人士（汪道涵、楊斯德、許鳴真、賈亦斌等）贊同。此事也可作旁證：中共今天仍不能放棄此終極理想，是理所當然的。[1]

按人類社會必須有個終極性理想。西方社會普遍信仰上帝，故以各宗教（包括耶、回等教）的「天國」為終極理想。印度婆羅門教，以「梵我一如」為終極理想；佛教則以「涅槃」為終極理想。中國的儒家，以「大同世界」為終極理想；道家則以「長生久視、悠然自得」為終極理想。今天中共仍要持其「共產主

---

1 詳見拙著《南懷瑾研究》（淅江簡體版《通家人師南懷瑾》）第五章。台北蘭臺出版社 2018 年 5 月初版。

義」理想，都是如出一轍的。

　　若再深究：人類為何必須有終極理想？則應從佛教的深義才能有較確當的理解。佛云「一切有情皆因食而住」，這是說，人類必須依靠「食物」才能存活。而所謂「食」卻有四種，只有佛家才有如此深入細微的分析：

　　1.段食（指一般物質性食物，以口咬成一段段而吞入，供身軀的營養需要）

　　2.觸食（指透過人的眼、耳、鼻、舌、體膚五種器官對外接觸，而滿足欲望的東西，如美色、美音、美味、美食、性欲等）

　　3.思食（人活在希望中。人必須有希望，才能忍受眼前各種苦痛而活下去）

　　4.識食（求知欲的滿足）[2]。總之，中共以一個上億黨員的群體，今天仍要維持「共產主義」理想，是必然的，是與人類「思食」本能符合的；故與鄧小平的「有中國特色的社會主義」並無矛盾，更不是什麼「枷鎖」。反之，沒有一個終極目標來滿足大家「思食」的天然需求，恐怕中共這個大群體迅即崩潰了。

---

2 詳見拙著《現代佛學別裁》163 頁。臺北老古文化公司發行 2007 年初版。上海古籍出版社 2009 年簡體版《佛學別裁》104 頁。

貳、「中國共產黨」的本質與功能問題

> 黃文說：中國國恥洗雪，要看中共「自我救贖」
> 成果如何。比如說，如不努力成為可存活的民
> 主政黨，中國就不可能成為民主國家。就此言，
> 中國在「復興」中國，也綁住中國。中國能千
> 秋萬世由中共一黨專政嗎？

這段話牽涉複雜了！依我的理解，其內在邏輯（理路）應是：

1.現在的中共是一個「一黨專政」的黨，它必須轉化為「民主政黨」才能長久存活，因為千秋萬世「由中共一黨專政」是不可能的。

2.中國要「成為民主國家」，才能真正洗雪百年的國恥，才是中華民族的「復興」。如何達到此目的？要看中共「自我救贖成果如何」。所謂「自我救贖」，就是正視毛澤東時代的「黨恥」，並作向「民主政黨」目標的「轉型」。

3.以上所謂「民主政黨」、「民主國家」，均應指西方、尤其是「美式民主」而言。

如上述的理解不差，則可見黃先生這段話，關鍵只在中共的本質與功能問題。以下僅就此關鍵點略述愚見。

　　中共在初創階段（遵義會議前），只是一個由一群救國心切的知識份子仿傚列寧的「職業革命家」理論，而組成的純粹革命黨。但在後來的奮鬥中，卻添加了「毛澤東思想」這個中國特有的因素。這個新因素主要表現在內、外兩方面的功能：

　　1.對內透過「批評與自我批評」的鬥爭手段[3]，把毛氏定於一尊；毛澤東在中共黨內遂取得跡近儒家思想中的「聖王」地位，任何人皆不能有反對的意見。

　　2.對外運用以農民運動為主調的「人民戰爭」，終於擊敗了原比它強大得多的中國國民黨，取得了全大陸的統治權，建立了「中華人民共和國」。總之，僅就中共建國前的性質與功能而論，它與現代西方任何政黨都已是不同的。即使酷烈如法西斯納粹黨，其功能也不能望中共之項背；因為，法西斯納粹黨僅憑其領袖個人的霸道，以國家純武力去欺凌他人而已，根本不懂什麼「人民戰爭」，故在二戰時，遇到更強的武力（美國參戰），便迅即一敗塗地了。

　　中共建政以後，這個黨的組織有更大的發展；縱座標從中央到農村，橫座標在各行各業，都在黨的控制之中。正如現行《黨章・總綱》所宣稱的，「黨政軍

3　毛澤東提倡「批評與自我批評」是源自佛教的「自恣」。詳見拙著《佛律與國法》24頁以下，臺北老古文化公司1999年出版。同見大陸版《佛教戒律學》183頁，北京宗教文化出版社2003年初版二刷。

民學，東西南北中，黨是領導一切的」。中共現有黨員八千萬，若以全國十三億人算，除去童幼與極老者不計，大約平均每十二個人中便有一位黨員在領導。這種比例，恰像有《團體動力學》根據的軍隊組織：每十二人成一班，由一位班長控制著。中共如今自詡「制度自信」，玄機應在此！

　　按西方所謂「政黨　Party」，原義乃是「政見相同的一部分人組成的一個以執政為目標的團體」；而「政見」是隨時在變的，所以這種「黨」必是時聚時散。我且作個非盡妥洽的譬喻：有一座巨大無比的大廈，裡面住著許多人，大家意見不同而分裂成各個幫派，紛紛提出種種管理大廈的辦法，為的是競爭要做大廈的管理人，這便是西方的「政黨」。中共要當的根本不只是管理人，而且是構成這大廈的棟樑，甚至是內中的鋼筋！故以西方政黨去比較中共完全是不可能的倫類。至於希望中共能像蔣經國般，因風燭殘年被美國所逼而把臺灣「民主化」為「救贖」，尤屬天方夜譚了。須知中共目前高唱四個自信（道路自信、理論自信、制度自信、文化自信），都是針對西方的，等於挑明美國：「我就是樣樣比你強，不信走著瞧吧！」

　　當代史學泰斗錢穆先生早就指出，中國偌大一個民族，支持四千年，必該是有個指導著歷史的「精神」貫徹在裏面的。這個「精神」就是以儒家思想為主的中華文化。儒家思想支配幾千年政治的精神稱為「道

統」，具體落實到政治操作上的制度就是西漢武帝之後形成的「士人政治」，士人是社會上飽讀儒家經典的精英分子。故自漢迄清二千多年來，雖有皇帝握最高權力者，但絕非「帝王專制」，因為皇帝也多是飽讀經典的人，而朝廷的政務卻實際操縱在「士人」出身的各級官員手中[4]。近年精研中國大歷史的金觀濤更進一步指出，中國歷史之所以如此穩定而長久，主要原因是自秦漢以來已形成一個「超穩定系統」。而此系統最主要的因素就是以儒家思想為主的文化。他並指出，自中共建政以後，尤其自大陸改革開放以來，在新的條件下，中國社會原有的「超穩定系統」正在重構，將來依然會現出中華文明頑強的生命力與偉大的創造力[5]。

據此以觀今天中共的本質與功能，可以說它正轉化為「全民精英團體」的角色，代替了中國傳統的「士」階層。古代「士」通過科舉的公開公平考試而進入朝廷為官，而「士」的身分卻是靠自己努力讀書而得，這種政治的實質結構，恐怕比現代西方的任何「不論才智高低，只能一人一票，票票等值」的選舉好太多了！此所謂「好太多」，指對人民的實質安和樂利，以

---

4 參錢穆《民族與文化》131 頁，臺北蘭臺出版社 90 年版。按錢先生多種著作有相同言論。
5 參金觀濤、劉青峰著《興盛與危機》有關章節，及《開放中的變遷》561 頁。此二書均為臺北風雲時代公司 1994 年出版。

及國族的長遠發展。

今天中共雖說「領導一切」，但這個「全民精英團體」對外是開放的，任何國人皆可加入成為其一分子，絕非「由部分政見相同的人」長期執政，故其性質並非西方觀念的「一黨專政」。尤應注意者，中共原來的意識形態雖是馬克斯主義（共產主義），實際早在毛澤東時代，中共已不知不覺地受著傳統文化的潛在力支配。近廿年來，中共更公開宣稱要宏揚以儒家思想為主的中華傳統文化；儒家經典的研讀，早已在全大陸民間基層普遍展開，《弟子規》之類啟蒙讀物是幼稚園的必修科目。據我所知，大陸幼兒的「讀經班」是廿多年前由南懷瑾先生首倡，嗣為江澤民在天津一幼兒園發現其大功效，乃大加讚賞；於是大舉在全大陸展開了[6]。

顯然，一個中國歷史上的「新超穩定結構」已經形成，且快速在完善中。原有的「超穩定結構」既能維繫中國二千多年之久，我們又何能推斷這個新結構不能使中國長治久安下去？如果說這個結構好比一棟大廈中的樑柱鋼筋，又何能打掉這房子的鋼筋稱為「救贖」，再依西洋模式另建一新洋房？

須知，現代西方民主政制不過三百年歷史，除了「制衡防弊」一點作用以外，現已顯出甚多缺點。今

---

6 同注 1 書 44 頁，簡體版 12 頁。

若與數千年的中華文化與政制作全面而深刻的比較，吾人又怎能認定西方民主政治（如政黨為其私利而競爭不休、厚顏無恥的人才會成功、選舉譁眾無窮、民粹性的自由、金錢支配一切、媒體興風作浪等等）真是「普世價值」？尤其西方民主思想本出自基督教的「原罪論」，故重「防弊」而忽於「興利」，中國能靠一味「防弊」而復興嗎？況且「原罪論」本出於《聖經》神話，何如儒家的「人人可以為堯舜」，乃至佛家的「人皆可成佛」更近人性？

　　須知，西方人的「道路」自古就不優越，因為他們奉行的是「凱薩歸凱薩，上帝歸上帝」雙軌路綫。信仰耶穌大愛原是美好之事，卻僅是為了個人歿後能上天堂。在世間要好好活著，須靠「凱薩路綫」，就是金錢與武力支配一切；西方古代以武力征服別人，使之為農奴、殖民地，只是為了搶奪他人的財富，以滿足自己的「英雄」慾望。現代亦稱「帝國主義模式」，近二百年來，英美相繼所走的不仍是這條凱薩路綫嗎？中華貴胄「以人文化成天下」的禮義之邦，又怎可尊奉這般的損人利己思想？「克己復禮」才是人間正道！

叁、「毛澤東思想」的功過問題

　　依中共現行〈黨章〉的說法，可概括為二大點：一是在毛澤東思想指引下，建立了中華人民共和國，二是在建國後「完成了從新民主主義到社會主義的過度」。愚見以為，第一點說的大底不差，第二點則完全是溢美之辭。因為，即是他真的在建國後廿七年中完成了這種過渡，但用了犧牲五千萬中國同胞的身家性命為代價，未免太殘酷了。其實這種「過渡」本身是不是有必要，仍屬可疑的。而且，縱使有此必要，沒有毛氏，其他領導人（如劉少奇、鄧小平等）必然比他「過渡」得更好，中國不必白費了三十年才發展繁榮起來。所以我在《何謂寧共毋獨》一文中不客氣地指出，毛氏固然可稱「建國有功」，卻是個「治國無能」的昏庸人物，甚至是「治國荒唐」的暴戾君王。

　　吾人可進一步指出，「毛澤東思想」真正價值在於「鬥爭精神」，這是在國共鬥爭中檢驗過的真理。今天中國要向全世界發展，面對以美國為首的西方霸權各種挑戰，比國共鬥爭更複雜又慘烈；毛氏的鬥爭「精神」與「手段」在應付國際慘烈的挑戰中，常可派上用場。須知「毛思想」雖非正道，但兵不厭詐，《老子》不云乎？「以正治國，以奇用兵，以無事得天下」，故

現階段的中共，把「毛思想」作為一種手段性運用，也是可以理解的。但我相信，中共絕不會用「毛思想」作為一種籠罩全面施政的規範。這種「視場合而運用」正是中國人擅長的好戲，就像中華傳統文化中也有法家、兵家等，法家只限於統治階層為鞏固權力而偶一為之，而兵家原理僅限於戰爭時之使用；儒家的道德仁義思想才是治國根本性正道。近年中共中央在全部重要文告上皆不忘強調「中華傳統文化」，亦可確證此點。

據此，所謂〈內外呈現左傾冒進主義，及返回馬毛路線〉，恐怕是黃先生多慮了。

肆、「中華民國」存亡問題

黃文說：兩岸走到今日，最主要原因是中共「中華民國已滅亡論」。若民進黨走上「中華民國新生論」（成為放棄正名制憲的台獨），則中共連能否回頭都生顧忌。因為，若回頭「正視中華民國的存在」，究竟是靠向「一中各表的中華民國」或「中華民國新生論的中華民國」？〉又說：〈如此，北京「中華民國已經滅亡論」，與台獨「中華民國新生論」在臺灣民主戰場上交鋒。用膝蓋想，亦知孰勝孰敗。

　　黃先生以上所說，是基於「臺灣選舉」前提而立論的。如換個角度，即基於中華文化「道統」的要求、中國長遠發展立論，如此說並無意義。

　　按黃先生多年在《聯合報》專論中提倡「大屋頂中國」。若我沒有誤解，他的意思是；在這「大屋頂」之下，大陸是「社會主義中國」，臺灣則是「民主中國」。兩個中國同屬一個「大屋頂中國」，所以不是「兩國論」。他並不反對最終的中國統一，但現階段只能是「一個中國的進行式」，最後必應「民主統一」，即雙方政制的民主程度接近而自然的統一。此理論對或不對，能否實現，姑且不論，其用心可謂良苦！他希望維持「中華民國」，所以最反對中共的「中華民國滅亡論」，也反對台獨。

　　然而，論到「中華民國」的存亡，不可不究明中華文化的「大一統」本質。正如錢穆先生提出的，中國自三代（唐、虞、夏）以來，是一脈相承的歷史。換言之，我國歷史以「統一」為主，以「分裂」（如春秋、戰國、五胡亂華、五代十國）為變；而西方則相反，以「分裂」為主，以「統一」為變。所以他說：『搞滿州國，搞臺灣獨立，他們卻說「民族自決」，更是大笑話。中國歷史唯一大事，乃是「民族搏成」與「國家建設」形成一個民族國家大統一之局面。』他更強調：

中國歷史之偉大成就，首要在其「大一統」理想之實現。周公西周時代所創，乃「封建政治」之一統。秦漢以後所改進完成完者，乃為一種「郡縣政治」之一統。前者為「貴族分治」，後者乃「士人合治」。[7]

中國大統一的理想與要求，也可從《孟子‧梁惠王上》得到有力的印證：

天下惡乎定？吾對曰：定於一。孰能一之？對曰：不嗜殺人者能一之。

據此，吾人可肯定說，「中國必須統一」這個命題不但是中華文化的理想，尤屬五千年歷史凝成的使命，所有朝代任何人當政皆不可能違逆此理想與使命的！據我所知，當年中共之所以接受「一個中國各自表述」的九二共識，只是估量自己力有未逮，且在情義上也不能不顧及「中華民國」是孫中山所創的緣故。但在政治「硬道理」上，卻不能承認其存在；因若如此等於宣稱自己的「中華人民共和國」只是一個「非正統政權」了，中共不迅即崩潰才怪，是以北京任何人當政都不能如此做。總之，黃先生多年來一味要求

7 錢穆前揭 26 頁以下

中共做此「會導致自己崩潰之事」，當然絕對行不通。

　　反之，如今以蔡英文為首的台獨集團，胡說「1949年起中華民國已在臺灣新生」，故可稱為「中華民國臺灣」，這才是最愚蠢的做法。如我在前拙作《國民黨何去何從》等文章一再說過的，蔡氏台獨集團這種做法，等於把一個原是正統的「中華民國」變成一「偽政權」了，其性質同「偽滿州國」或「偽汪氏南京政權」一樣了，等於促成中共有更充足的「討伐民族叛逆」的理由了。須知中共當年容忍「一中各表」，到底是因為這個政權原是來自孫中山的「正統」之故。蔡氏台獨集團妄圖去「正統」而以為可分裂出臺灣另立一新國家，不是荒唐透頂嗎？縱使用此荒唐伎倆而贏得臺灣內部的一時的選舉，但在中國長遠全域來看，不過是枝末之事而已，一泓之曲水終必回歸大流。

伍、「統一臺灣」問題

　　黃先生說：……眼下情勢，可謂「三統」無望。雖軍機繞臺，但「武統」不可能。20大選呈現臺灣民情變化，「和統」也無可能。另途是「買統」，也就是用惠臺「融合」促統。但中美貿易戰及此次疫情，皆成兩岸脫鉤斷鏈大彩排。「買統」也愈不可能。這是「三統」無望。

　　這段話如果只限定在「眼下情勢」，自非無理。但政治情勢卻是瞬息萬變的，而在「萬變」中卻有其「不變」者在。最切近的例子就是，當黃先生 3 月 8 日發表其文時，到現在 3 月 18 日我撰完這篇文章，新冠病毒中心原在中國大陸的武漢，不料十天之內竟已轉到歐洲、甚至擴散到全世界了！故縱有所謂的「五雷轟頂」，也不過是一時的現狀，很快就有大變化。智者就是能「執常」而馭其「變」，隨「變」而亂轉，自一無所成了。臺灣必能統一，其「常」就是強大的中華文化「大一統力量」，再加上中國大陸的國力不斷上升；執此「常」，所以我相信：臺灣問題必能在短期內解決。

　　再分析而言。為何「武統不可能」？黃先生所說的理由並不充分。為何「和統不可能」？黃先生說的理由是「臺灣民情變化」，這點更值商榷。至於說「買統」，這卻是黃先生獨創的名詞；純粹靠「買」當然不能直接達到統一的結果，因為任何惠臺政策只是爭取民心的用意，臺灣這塊領土當然不可「買」回來。

　　愚見認為，正因為蔡英文此次選舉得到了八百多萬高票，「民情變化」刺激了中共，更刺激了大陸同胞，讓他們更深刻認識到：解決臺灣問題最後只能靠武力。但是雖屬「武統」並非要毀滅臺灣，中共必然要用「以戰逼和」的戰略，既收回臺灣的統治權，又不會過份傷害臺灣同胞與臺灣環境。

　　總而言之，愚見以為，「三統」都是會成功的！

　　「買統」（惠臺政策）雖然不能直接導致統一，但可使「天下之民，皆引領而望之矣！誠如是，民歸之，由水之就下，沛然誰能禦之？」（同前引孟子言）

　　「武統」是中國歷代統一天下之常法。惟其實際戰術卻有多種；如項羽兵入咸陽燒毀阿房宮（西元前206），可謂「全毀」之武統。再如宋太祖兵圍成都，後蜀王孟昶不戰而降（西元965），可謂「以戰逼降」之武統。花蕊夫人在亡國後寫下悲憤千古的詩句：

> 君王城上豎降旗，妾在深宮哪得知？
> 十四萬人齊解甲，更無一個是男兒！

　　又如袁世凱之威逼清帝退位（西元 1911），宣統皇室退後並享有多種優遇，此可謂「以威逼和」之武統。由此可知，正因為蔡氏集團執意分裂，中共必然升高其武統的準備；愚見以為，採取「以戰逼和」的戰術可能性最大，也對臺灣同胞最有利。換言之，有條件的「和統」仍是可能的。

　　當然，如果能像南越王趙陀那樣，僅憑漢文帝一封勸說的信，就取消了帝號，漢朝立刻統一了。這是中國歷史上最好的和平統一。但這不是迷醉於權柄的人能做到的！

陸、結　語

綜上五點，可說黃先生所有立論，無非基於一個希望與一個大前提。一個希望就是：維護「中華民國」的生存。一個大前提就是：西方民主（尤其美式民主）理念。

就前者而論，這無疑是出自一片苦心，這也是每位孫中山信徒應有的希望，所以黃先生之苦心值得敬佩。

就後者而論，則大有商榷餘地了。因為它牽涉了二個嚴重的問題：一是同五千年的中華文化相比較，只有三百年歷史的西方民主政制，真是較優越嗎？真是堪為「普世價值」嗎？二是中共建政七十年，歷盡種種磨難，才造出今天的大成就。其政制特性自詡為「中國特色的社會主義」，與歐美的「民主」政制是完全不同的模式。如今以美國為首的西方各國，正在恐懼這種完全不同於他們的「新模式」崛起，若吾人仍執著西方模式理念去評斷中國的事物，不等於同自己正在復興中的民族對抗嗎？此應是智者所不為者也。

最後，敢就黃先生個人以進一言。記得在民國65年左右，黃先生以青年才俊之姿，參加《法論月刊》主辦的「青年與政治」座談會，因言之有物而被人賞識，不久就進入《聯合報》，從基層記者一直升到如今

的副董最高職；數十年來在政論界的成就，為社會所肯定。尤其自李登輝執政以來，黃先生執月旦之大椽，力闢台獨，維護中華民國正統，蔚為兩岸主流論述，貢獻至偉。

　　惟方今時移世易，若一仍舊貫之議論，恐怕與實際有方柄圓鑿之憾矣！況復「人才難得，光陰易逝」，黃先生誠政論界少見之奇才，若今後一仍既往，只能在時變不已的新聞現象中流轉其心力，不是「以難得之精神才智，浪擲於無大功德之中」嗎？往者已矣，來者可追，盱衡方今天下大局，愚見以為，黃先生如轉用其才智於復興民族必勝必成之業，豈不懿哉！區區微忱，尚祈亮察。

勞政武於淨名文化中心
2020.03.18

《聯合報》副董事長覆函

政武吾兄：

　　來函敬悉。鴻文數篇皆已細心拜讀，十分佩服，獲益良多。

　　變亂時代，眾口喧騰，又各以為是，因此罕有傾聽他人言語者。拙見淺薄，我兄能認真對待，分析點評，僅此已使弟十分感動。我兄博學審思，高屋建瓴，識見深遠，對弟多有振聾發瞶之賜。唯世局浩瀚、歷史悠遠，見仁見智在所難免，亦盼我兄包涵。

　　疫癘亂世，思緒翻騰。不盡一一，謝謝。

敬祈　珍攝保重

　　　　　　　　　　　弟**黃年**拜啟 2020.03.23

老子道德經是為人類
導航的光明燈塔

李興邦

壹、道德經「小國寡民」經文被誤解

　　老子生存年代背景：《道德經》是中國春秋末期老子（西元前 571 年 — 前 471 年）寫作的論述治國處世五千字哲學作品，春秋戰國時期道家學派奉為創始典籍，學者均認為是中國歷史上首部完整的哲學著作。老子曾任東周王室的守藏史，是藏書室官員，有機會閱讀洛陽周王室諸多典藏竹簡檔案，因有所悟，據以為炎黃子孫解說天下之「天道」，吾人解讀老子《道德經》的智慧，必然心領神會，尤其為政者及各行各業人員掌權者，更宜深一層體悟老「道」的真實義。

　　老子撰寫《道德經》的緣由：我國歷史上周王朝存在約八百多年，歷史學家將周王室分為：西周（BC1111-771）及東周（BC770-222）兩個階段。東

周又分春秋（BC770-482）及戰國（BC481-222）兩個
年段。據大陸歷史學家論述：周王室存在年段八百多
年當中，周王室分封之諸侯王國約有 1600 個，平均每
兩年就有一個諸侯王國被其他諸侯王國併吞消滅掉，
所以周王朝存在八百多年當中，年年都有戰爭。

　　西方學者所謂：「弱肉強食「法則，早就存在於我
國歷史上的周王朝。當時因年年戰爭、殺戮、民不聊
生、生靈塗炭，老子見之史簡、聞之實況，仍心生悲
憫之心，仍以身居周王室中央政府官員之格，苦心撰
《道德經》給諸侯君王：談治國濟世之道。《道德經》
「小國寡民」實是反戰、人權宣言，老子並無追求小
邦之治，理想國度，逸世之念。

　　《道德經》成為中國本土宗教～道教重要經文：
道教並尊奉老子為太上老君，我們不必避諱:道教實是
中國數千年來民間重要信仰之一，其對社會安定祥和
亦有一定的貢獻，淨空法師曾說：所有宗教創始人都
是觀音菩薩的化身、宣化上人也曾說：道教的老子，
就是佛教的迦葉尊者的化身、孔子是水月童子的化
身。宗教信仰是人類的精神食糧，任何宗教吾人均宜
予尊重。老子著作《道德經》原來旨意：談治國之道，
當初或許並沒想到：被尊為太上老君。道德經對炎黃
子孫的影響非常深遠，對中華文化的影響更是非常廣
深，無人置疑。

貳、老子遵循自然崇尚樸素以智治國

　　老子是崇尚樸素，遵循自然主義者，他常說:無為、不爭、謙退、柔弱、虛無、清淨等等，在在均是要求人人含藏內斂、不顯鋒芒，以資消除人類社會的紛爭。

　　道德經第十章:「生而不有，為而不恃。」又說:「功成而不有」、「為而不爭」便是要求人們不必把創作成果據為己有，此言並非消沈、出世之念，乃是不自私，為人要謙卑之意。

　　道德經第二十五章「人法地，地法天，天法道，道法自然」。人學習「地」的厚實涵藏，進而學習「天」的高明寬廣，進而學習「道」的本源創生，最後則是效法學習「自然」生成法則。

　　「道法自然」揭示了整個宇宙的特性，囊括了天地間所有事物的屬性，宇宙天地間萬事萬物均效法或遵循「道」的「自然而然」規律。

　　道德經六十五章:「古之為道者，非以明民，將以愚之，民之難治，以及自度，故以智治國，國之賊，不以智治國，國之福。」

　　其意思是說:古來聖人善於依著自然大道來治理國家，他並喚醒人們不用利害智巧，而是要人民守著純樸忠厚。人民之所以難治，正因為人們的利害巧智

多了，因此，利用巧智來治國，這便是戕害了國家！不用巧智來治國，這才是國家之福！

叁、《老子「道」的思維與描述》

　　老子哲學的論述基礎是由「道」展開來，「道」是老子哲學中心觀念。老子思考的「道」又是他生活經驗中所體悟出來宇宙自然界的一切道理。但「道」的種種特殊性，應是自然界一種能量賜給老子思考擬定成就的。

　　「道」雖是是老子哲學中心觀念之單一符號，但在不同章句中，卻具有不同的義涵：在某些章句中是指一種規律、某些章句中是指一種人生準則、典範、指標，各個章句「道」義涵雖不相同，然整個道德經所有的「道」是可以貫通起來的。

　　道德經第一章：「道可道，非常道；名可名，非常名」老子認為「道」是無形的，所以「道」之不可名，因為有了名，便把「道」限定住了。通常某物件被命名後，就不宜再以他名稱呼它。因為「道」的不可限定性，所以吾人很難以語言文字形容它了。

肆、老子的宇宙觀與基督教聖經創世紀的相映

　　道德經第二十五章:「有物混成,先天地生。寂兮寥兮,獨立而不改,周行而不殆,可以為天下母。吾不知其名,字之曰道,強為之名曰大。」,老子說:有一種混成一體的東西「有物混成」不知其名,只好勉強稱之為「道」。「有物混成,先天地生。」即是老子的宇宙觀。閱讀上列章句,再對照:基督教聖經:創世記:記錄耶和華在空虛混沌中,用六天的時間創造物質的天地,先後創造光、大氣、旱地、植物、天體和動物,確有相應相似之處。

　　道德經第二章:「天下萬物生於有,有生於無。」老子一切現象都是在相反而又相成狀況下形成的,並表現了某種規律,這些規律也是我們自然界的一切自然循環定律。

伍、《老子是和平主義者》

　　老子的整個哲學論述系統是由宇宙論到人生論,再由人生論到政治論:倡導無為而治,反對戰爭,在

上位者要為人民謀幸福安康。

　　道德經第六十八章「古之善為士者，不武」，道德經第三十六章「魚不可脫於淵，國之利器不可示人」這是老子教導炎黃子孫，要求絕對不可發動戰爭，絕不可以稱霸世界。中共中央習主席就曾說過：中國絕不稱霸，應是領悟了老子「不武」之古訓。

　　第六十七章說：「我有三寶，持而保之，一曰慈、二曰儉、三曰不敢為天下先」。衡諸今日世界所處之相：「慈」既不存在？「儉」亦似無？再說「不敢為天下先」。川普常說「美國優先」，實與老子「不敢為天下先」、「道」的自然規律相背悖？

　　以上諸說：在在均在提醒統治者，別為擴張勢力，爭做霸主，掠奪資源而漠視人類生命，且踐踏人權，破壞和平。然而今日國際間傷人者經常反向操作，自唱自說：人權、自由、民主，完全違反老子上述「道」與「不武」之古訓。

陸、禍莫於輕敵 —— 中華民族永不忘

　　老子道德經第六十九章「禍莫於輕敵，輕敵幾喪吾寶」，因此中華民族在近代百年中付出了慘重代價：八國聯軍、甲午海戰、八年抗戰，敵人入侵之後，燒、殺、搶，百姓家破人亡，流離失所，苦不堪言。但老

子並沒教我們復仇，而是教導我們如何避免重蹈覆轍。抗戰勝利後，蔣公對待日本提出「以德報怨「政策，應是遵循老子教導之言，我們研讀《道德經》當銘記在心。

老子道德經第八十章「小國寡民 —— 實是老子反戰人權宣言」。

「小國寡民，使有什伯之器而不用，使民重死而不遠徙、民至老死不相往來。」此章句「小國寡民」之說，二千多年來，中國歷代學人著墨形容述說；老子有追求西方「烏托邦」社會、建構我國晉代陶淵明「桃花源記」安祥生活的理想。流行於世的《道德經》通行本亦多屬如是觀，歷代學者如此解釋實是壓縮了老子談治國之道的偉大格局。

《道德經》經文全談治國之道，倘若將「小國寡民」譯為「桃花源記」老子具有陶淵明避世思維，將「小國寡民」譯為老子追尋「桃花源記」理想小邦，然治理小邦何需大費周章，長談治國之「道」，完全不合邏輯。何況老子當時任職周王室典藏館，位居要津，係以周王室中央政府官員格局談治國之道，說老子追尋「桃花源記」之小邦國治，實是誤解老子《道德經》治國論述之本意。

老子時任周王室位居要津，以官員格局談治國之道：有下列名言：

第十章「愛國治民、能無為乎?」。

第二十章「是以聖人常善救人,故無棄人」。

第二十三章「知人者智,自知者明」。

第三十四章「功成不名有,衣養萬物而不為主」。

《道德經》八十章「小國寡民、村落雞鳴相聞,民至老死都不相往來」實是老子痛心青壯之士都戰死了,老弱婦孺百姓恐懼戰爭:雖雞相聞,但不相往來。多數學人說「桃花源記」是老子的願景,非也!

　「小國寡民」依多數通行本之解釋,完全違背老子撰著《道德經》著作的本義與「道與德」精神。

好友揚州故鄉古剛先生尊親大陸學者:中國海洋大學藍進教授所著《道德經導論》裡,藍進教授表示:「小國寡民」之章義:根本是當時戰爭,青壯之士都因常年戰爭死亡殆盡,僅遺存老弱婦孺,自然恐懼戰爭,雖村落雞鳴相聞,以致於民至老死都不相往來。是老子用反諷方式:抗議戰爭,倡導和平,實是人類歷史上首次反戰的人權宣言。藍進教授之言,解除數十年來,我對「小國寡民」文意的疑惑,個人認為藍進教授是偉大的現代中國學人:智者,藍教著述評論之嘉言,才是老子《道德經》經文的真實義。

大陸中國海洋大學藍進教授說:老子的《道德經》

不容於當時的那個年代，更不容於統治者，如果明白直說，就會引來殺身之禍，甚至遭受九族之誅；藍教授之言在中國歷史上帝制時代，實際是存在的。然而老子為了將《道德經》傳於後世，不得不將許多章句進行特殊處理和包裝沉藏於「深山老林」使用許多玄妙之詞表達，我們後代中華子孫應予察諒老子愛人愛世之苦心。

　　藍進教授又說老子的《道德經》是為後人寫的：《道德經》內容含蘊的多是治國理念，且有明確目的和遠大目標；為後人留下愛民治國、珍惜生命、尊重人權、反對戰爭、為萬世開太平。所有讀過《道德經》的人，應該都相信《道德經》的正能量是導航人類文明向前行、和平相向最明亮的燈塔。

　　吾好友康寶善老師從事道德經傳播數十年，令人敬重，康老長期構思成立「中華道德經學會」推廣老子思想以資完成老子「道與德」通行天下，未來「中華道德經學會」應是可用的最好平臺。我們身為同修，均認同老子思想，並予推廣，以資老子的「道德經為萬世開太平」的理想，在中華大地上開花結果:促使《道德經》真正成為世界人類導航的光明燈塔。

　　依據聯合國教科文組織統計：全世界書籍出版最多的第一名是基督教聖經，第二名是被譯成各國文字的《道德經》，我們有理由相信，只要眾人發心、發

大願:《道德經》成為世界人類文明導航的光明燈塔，
必定有成，也是我們優美的中華傳統文化對全世界、
全人類最大的貢獻：21 世紀將是中華文化充分發揮最
光輝的世紀。

李興邦於臺北新店「山水畫樓書齋」
2020.04.05

淺論兩岸和統的趨向

李興邦

「促進中華民族和平統一政治團體聯合會議共同聲明」。閱後感言

壹、前　言
國父孫中山先生對現代中國的貢獻

中國全民民主統一會，吳信義會長熱愛中華民族、愛國愛鄉，好友眾人皆知。吳會長亦愛藝文，常年撰寫「歲月留痕」，閱其「歲月留痕」頗有感觸：歲月會留痕，但歲月最無情，不但留痕令人感傷;歲月裡大環境下的人間世事，不停地變易:例如許歷農將軍領銜二十二個愛國社團，期盼兩岸炎黃子孫未來和平統一的聲明願景，越來越遙遠、越渺茫，亦甚令人不勝憂心。

中華民國成立於 1911 年,是國父孫中山先生嘔心瀝血，歷經十餘次革命，犧牲了多少中華兒女寶貴的生命，始克竟成。中華民國的成立對於創建現代中國具有莫大的貢獻，無人可以否認；吾人生活在寶島台

灣 2300 萬同胞固然享受了現代中國人民主自由、物質富裕的生活，即使中共早期老革命同胞哪一個不是在中華民國國號體制下接受現代教育成長的，並追求了其個人理想與職志，哪一個敢說不是呢？

貳、中華民國實體仍存在台灣

　　然而 1949 年國共內戰結束，國民黨敗退寶島台灣，勵經圖治，創造了所謂「台灣經濟奇蹟」讓中華民國成為亞洲四小龍之一，中華民國在台 2300 佰萬同胞也享有了現代化生活。然而很不幸的是經國先生受儒家傳統舊思維束縛，選錯了假裝儒士的李登輝充其接班人，釀成了「台獨」、「獨台」的嚴重後果。

　　李登輝先是用「國家統一綱領」安撫並騙過了「國民大會」各省代表，結果最後還廢掉了「國民大會」，接著又廢掉了「台灣省政府」。其實李登輝擔任總統任期內，就完成「台獨」所有準備工作，只是打著「中華民國「旗號，欺騙國人而已。惟「中華民國」旗號雖被台獨利用，然自 1949 年國民政府遷台，仍然使用著「中華民國憲法」，所以「中華民國」政體的生命實際仍續存在於台灣，依佛家、道家之言：是「中華民國」之實相仍存在。

叁、中華民國歷任總統催化
獨台、台獨危哉

　　到了 2000 年 5 月 20 日陳水扁擔任中華民國總統第十任總統，提出四不一沒有：1.不宣佈獨立 2.不更改國號 3.不推動兩國論入憲 4.不推動改變現狀的統獨公投。「一沒有」是指：沒有廢除「國家統一綱領」與「國統會」的問題。但阿扁仍然在 2006 年 2 月間終止了「國家統一綱領」。證實了民進黨大老許信良所言:「政治是個騙術」。

　　2008 年～2012 年馬英九擔任總統任期內提出三不政策：「不統、不獨、不武」兩岸關係雖有改善，但實際走的是「獨台」偏安政策。2016 年 5 月蔡英文選上中華民國第十四任總統後，兩岸關係定位在「維持現狀」但不承認「九二共識」等於不承認一個中國原則，讓兩岸關係處於嚴峻危境。

　　許歷農將軍等二十二個社團在 2012 年 2 月發表「促進中華民族和平統一政治團體聯合會議共同聲明」筆者閱之，發覺這項聲明有三個重點：其一是中國國民黨必須撥亂反正，釐清路線，恢復「國統綱領」，該聲明發表的日期是在 2012 年 2 月，距今已整整八個年頭，八年歲月，整個國際大環境急驟變化;今日中國

大陸綜合國力，已非八年前中國大陸，是世界第二大經濟體。

八年裡民進黨亦用盡各種手段：清算國民黨黨產、操控各類媒體打擊異己、學校教育去中國化，徹底打趴了國民黨。所以許歷農將軍等二十二個社團盼望恢復「國統綱領」國民黨已無力為之。民進黨在施政方面：又採親美仇中政策，甘充中美博弈的棋子，處處妖魔化中國大陸，讓兩岸關係處於最峻險境界，完全不顧 2300 萬同胞的生命安全。

肆、西式民主的迷思、兩岸關係的 惡化難回頭

馬英九擔任兩任總統又兼國民黨主席，自命清高，任期內不但沒培植黨務人才，也沒更正去中國化教材、亦沒強固國民黨基層組織，以致 2019 年中華民國總統大選以剛選上高雄市長才二、三個月的韓國瑜，匆忙之中，再度披掛上陣選中華民國總統，終於仍為民進黨以各種手段打敗，國民黨連立法院立委選舉席次亦仍居下風。

如今民進黨以操控媒體方式、用中共代理人、反滲透法等恐嚇百姓，中華民國未來勢必由民進黨長期執政，釀成「政權台獨化」。此外一般台灣蛋頭政治

學者亦挾洋自重：高唱西式民主是普世價值，與民進黨唱合；殊不知西式民主已是病焉焉、面臨諸多執政矛盾，各國皆瀕內亂、內戰不停、蒼生哀嚎，是世人的悲哀！台灣西式民主唱合者亦裝作不知：西式民主的的嚴重缺陷，亦是 2300 萬同胞的悲哀！

　　中國大陸中共受中華傳統文化影響，自改革開放以來，逐步推動「中國特色社會主義」為百姓造福，努力基建及脫貧計劃，成效卓著，已是世界強國之一。但民進黨及其同路人，迭以醜化大陸執政的中國共產黨。民進黨恣意認定西式民主是「台灣價值「，更是弱化了中國國民黨的氣勢。以致最近選上「中國國民黨」主席的江啟臣嚇得於就任黨主席當天，連「中國」兩字都不敢說出口，江啟臣亦不敢提：「九二共識」。所以筆者認為許歷農將軍等二十二個社團盼望中國國民黨必須撥亂反正，釐清路線，恢復「國統綱領」之願景，衡諸今日台灣政治情勢，實是緣木求魚，絕無可能成功。

　　其次許將軍領銜的各社團所言：「平等協商，共議統一」在當前執政的傾向台獨的民進黨、在野弱化的國民黨對於「平等協商，共議統一」的願景，絕難於形成朝野及全民共識。所謂「平等協商，共議統一」審視今日兩岸彼長我消之勢，及台灣內部政治趨向分歧化，以致「平等協商」猶似往日煙雲，「平等協商」基礎完全不存在了，吾人應認清此事實。

伍、兩岸關係的演化

　　兩岸關係從早期的：我方提「反攻大陸」、大陸說「解放台灣」，到兩岸關係和緩之後，我方又提出「三民主義統一中國」、大陸則提出「和平統一、一國兩制」。直至 1992 年兩岸兩會在香港會談並有電文往來，不否定各自表示：一個中國的內涵。1993 年及 1998 年台灣和大陸分別派出辜振甫和汪道涵進行的兩次會談，兩岸關係趨好：台商西進有保障、兩岸同胞相互旅遊往來頻繁。至 2000 年 4 月 28 日行政院大陸委員會主委蘇起首次將 1992 年兩岸兩會在香港會談會談之實相述為「九二共識」與「一個中國，各自表述」連結，促進兩岸關係趨向對等和好互相往來，亦有了立足點，在「九二共識「基礎上，兩岸關係逐漸趨好：小三通、大三通：通航、通郵、旅遊等等均曾為台灣經濟帶來一片榮景，然而很不幸的是：2016 年 5 月小英就任第 14 任總統後，以巧言「維持現狀」矇混兩岸關係，並不肯承認「九二共識」。民進黨及其同路人不承認「九二共識」其惟一理由亦曾由台獨教父李登輝脫口說出，兩岸關係不曾簽過這項文件，其說法實屬幼稚可笑，共識就是默認兩岸關係之行為，那來文件？例如海峽中線，就是國共內戰結束

後，以台灣海峽中線為準，作為兩岸飛行航線之基準，就是一項兩岸和平重大之默契，何曾簽過檔？小英政府既不承認「九二共識」延伸之後果：危哉？按最近共機已越過海峽中線巡航，亦曾透過媒體表達：根本沒有所謂「海峽中線」之存在，解放軍實力逐漸強大，其海空軍未來越過「海峽中線」巡航演練，頻率必定增多，台海戰爭隨時會發生，台灣危險矣！

陸、中國歷史上偏安政權生存困難

　　由於民進黨政府不承認「九二共識」，復又採親美仇中政策，甘充中美博弈棋子，殊不知：今日之美國國力逐走下坡：美國會為台獨而戰嗎？民進黨人凡事以仇中、恨中、醜化大陸為主：疫情期間，綠色媒體面向大陸，常以嘲笑口吻並以「武漢肺炎」稱呼。我方一方面盼望參加 WHO，但一面又違反 WHO 之規範，肺炎以地域之名稱之，岐視大陸。媒體平日多用「武漢肺炎」稱呼，嚴重傷害兩岸人感情，亦不利兩岸和平之道！

　　筆者雖然於前段曾說：「中華民國」政體的生命實際仍續存於台灣，然民進黨執政後，走台獨路線，只是利用「中華民國」這塊招牌而已，所以小英不但

不承認「九二共識」且擅改國號,稱「中華民國台灣」。目前全世界 190 國之中,有近 150 多國堅持承認一個中國,台灣參加世界上任何活動也都用「中華臺北」。「Chinese Taipei」,其意不就是中國的臺北嗎?,「Chinese Taipei」早就框住台灣是中國一部分。所以一旦台海發生戰爭,他國很難插手兩岸統一戰爭問題,但民進黨從不考慮:台獨為兩岸帶來戰爭所有的災難。

柒、依中國歷史兩岸必定統一是鐵律

依中國五千年歷史軌跡及中國歷史改朝換代實況審視,中國歷史上所有偏安一隅的弱化前朝政權最後都是被強大的繼承政權取代之,五千年來,沒有一個例外,形成鐵律。我們所有熱愛「中華民國」的同胞,似不得不適時調整自己的心態:統一的情況遲早會到來:「中華民國」有可能在我們生命旅程中消失掉?朋友不必難過,這就是整國人歷史進程中,常有的的現象,也算是中國人的天命。

目前解放軍軍力逐漸強大:除了擁有長程飛彈外,其長程轟炸機亦列裝成軍,四個航母戰鬥群,在五六年內似亦可能成軍,用之保護大陸國土與運油航

線安全，解放軍如今海空軍已展開進行一系列長程訓
練，其訓練之航線很難避開台灣週邊空域及海域，其
全軍戰力亦未必全是針對台灣。

　　尤其當今全世界新冠肺炎疫情中：大陸忙於防
疫、國內基建強化，軍力強化、扶貧計劃、一帶一路、
和平崛起形象維持等等均是中華民族偉大復興重大事
項。兩岸統一反而並非重要選項，惟當今我方不承認
「九二共識」，大陸亦放話：不承認「海峽中線」解
放軍演訓練對我方防線壓縮益大，雙方演練中，一旦
我軍方或因誤判，先行開火攻擊解放軍，這機率無法
保證不會發生。

　　倘若我方誤判先行開火，台灣海空軍基地有可能
遭共軍於數小時內燬滅性報復，可能完全喪失防禦能
力，股市崩盤，此時朝野必能產生共識：如何與北京
協商維持一國兩制：原來反對一國兩制各黨各派，有
可能反向操作，爭取在一國兩制下的話語權，謀取各
黨各派的政治利益。

　　江啟臣任國民黨主席，說不出口「中國國民黨」
之「中國」兩個字，亦不敢提「九二共識」是個非常
弱化的政治領袖。我們藍天二十二個社團實宜及早商
議先行自我改造，年輕化，再由青年菁英份子介入國
民黨黨務組織，強化國民黨，增加國民黨的末來兩岸

和平對話的話語權，才不負藍天二十二個社團早期創辦人：參與中華民族偉大復興的願景。

捌、結　語
以戰逼和之實相必然發生

中國大陸國力逐漸強大，尤其新冠肺炎發生後，很多財經、政治學人，股市、新聞媒體名嘴多數人不看好中國大陸的前景。然而筆者審視各方報導，察覺世界其他大國因疫情受傷甚至比中國嚴重，反而是中國大陸在中央集權統一領導之下，非常有效率地恢復工業、經濟產能，中國大陸有可能是協助他國經濟恢復的最大動能。新冠肺炎過後世界維和與經濟動能實力可能也會大洗牌，美國雖有最強大軍力，但經濟動能可能不再是老大，因疫情反使世界各國為經濟利益向中國大陸選邊站。

民進黨人倘若仍不醒悟，推動「務實的台獨」，北京有可能不再容忍。各黨派有關「九二共識」、「一中各表」、「一中同表」、「一國兩制」、「一中原則」爭吵不休，北京有可能均置之不理，北京政府仍按原訂「中華民族偉大復興夢」各項計劃向前邁進。但兩岸的經濟、軍事實力差距越來越大，實亦是保障

了兩岸和平統一的必然性，傳統性戰爭因動輒釀成人員死亡無數，應不會發生於台海兩岸。

李興邦 2020.03.28

李增邦(興邦)：維揚藝文學會會長目前兼任「中國全民民主統一會」首席顧問。

二二八事件我見我聞
童年痛苦記憶

李興邦

壹、前　言
二二八事件略述

　　民國 36 年 2 月 28 日，因公賣局緝私菸問題與民眾衝突，事件一發不可遏止，並迅速擴及全島，史稱 228 事變。「二二八」的導火線，如大家所熟知的，是民、警衝突。警察查緝私菸時，因言語溝通有障礙，加上執法不當，導致群情激憤。再經有心人搧風點火，並四處串聯組織，引爆多地警民衝突，進而擴大為民變。

　　自二二八事件發生後，島內各界人士基於不同的意識形態、政治立場，就對二二八事件作不同論述評斷。例如：官逼民反，國民黨暴政、台灣同胞與來台接收人員文化差異、皇民思想者造反、官員貪污，陳

儀領政不得人心等等說詞，二二八事件發生的原因很
多，任何單一說法，實在很難令人信服。

貳、童年來台之憶

　　我生於民國二十五年十二月是南京大屠殺的倖存
者，民國三十六年元月底，時年十二歲，隨父執張廣
榮先生自上海搭中興輪來台投靠先行來台經商的父
親。船出上海吳淞港沒一二天得悉台灣發生二二八事
件，中興輪停留大海上等了幾天，再度出發向台基隆
航行。大約在三月初船抵基隆靠岸，我隨父執全家搭
公路局客車至台北中正路八十號（現為忠孝東路）家，
沿途毛毛細雨、天色陰暗，市容靜悄悄地，未見肅殺
之氣，街上甚少見到行人。

　　到了台北家中，因我家就在台灣行政長官公署附
近，每晚都有很多外省公務員來家中與老父談論事變
內容：不是某人太太被打死了，就先生被暴民打死了，
受到傷害的外省人悲傷地想回到大陸。也提到陳長官
向南京請求派兵增強維安力量的事。二二八事件賠償
條例公佈後，我曾為老父之友在二二八事件中被皇民
打死街頭的朱彭年申請賠償，因與賠償條例不符，未
被受理。

叁、老父幸運存活：因果論是存在

　　到達台北當晚看見老爸的同居人阿嬌姨（原是我家美麗家傭）幫老爸敷藥，原來前幾天老爸被暴民從家裡強行拖到外面痛打一頓，如果沒阿嬌姨向隔鄰李姓宗親（台北蘆州李友邦將軍族兄弟）呼救，大概老命保不住。老爸的好友朱彭年在台北天水路開天府酒家（餐廳），很不幸被打死街頭，事後是老爸收屍的。骨灰現存台北福德公墓，祭祀人現改列我兒李文揚。事件發生後，每晚都有省府鄉親來我家述說：某同事被暴民打死了，也有同事太太被打死了，受到傷害的外省人當時心生恐懼可以想像。也提到陳儀長官向南京請求派兵增強維安力量的事。

　　我是相信因果論的，種什麼因就得什麼果。原來我父親光復來台託人買了四間店面經營洗髮劑美容美髮生意，後來蘆州李友邦將軍族親李德松、李德培昆仲向老父情商讓渡兩間店面給他們營生，老父同意照辦，結果事變中，李氏昆仲成了我們的救命恩人。

　　事件中我們每晚也都睡在李德培昆仲他們家榻榻米房裡，原來四個連續店面，後面相通沒隔牆，兩家往來沒阻隔，像是一家人，很溫馨。還記得：李德培昆仲的祖父還是前清秀才，我見過他老人家幾次，每

次都見他穿著秀才唐裝，瓜皮小帽，從未見他換過裝，非常有文人雅士氣質。

我曾寫受難見聞給二二八紀館，獲頒感謝狀。
（但紀念館從不展示：外省人受難紀錄）

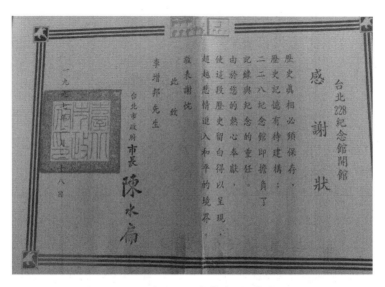

二二八紀念館頒贈筆者的感謝狀

肆、陳儀是清廉官員、上海辦事處徵才對台重建有功

　　陳儀是浙江紹興人，書香子弟，先讀保定軍校，後讀日本士官學校，再讀日本陸軍大學，基本上陳儀學識能力不錯。陳儀太太是日本人、沒生小孩，抗戰勝利後也住在上海辦事處官舍裡，陳儀為保持低調，沒讓太太去台灣同住。有人看到這位太太親自上菜市場買菜，還向鄰居借錢買小菜錢，上海辦事處官舍是日式房屋，內部裝潢簡樸，並無豪華之氣。台灣行政長官公署上海辦事處負責招募重建台灣人材：像孫運璿等建設台灣之人材都是台灣行政長官公署上海辦事處在大陸招聘來台的，其他公教人員台灣當時欠缺，都是從大陸招聘來台的。

　　我的大伯李松元是陳儀秘書，被派任「台灣行政長官公署上海留守辦事處」秘書兼主任，我來台當時也是先到台灣行政長官公署上海留守辦事處報到，以眷屬身分申請來台。如果不發生二二八事件，說不定陳儀在治台史上還留下美好清官善譽。按陳儀最後亦被通匪罪名在台北新店被處決，陳儀被關押期間，時見家中有長官公署陳儀舊部談論送衣物給獄中陳儀長官情形。

伍、堂哥李增穀臨時被派擔任
干城營房營長

　　二二八事件台中干城營房原任營長貪瀆潛逃回浙江老家，我堂哥李增穀是台灣行政長官公署陳儀侍從官，臨時奉命派去台中暫代營長，沒幾個月就發生二二八事件，因台中干城營房原是日人進攻南洋前站基地，故面積很大，應有幾百公頃。但數十年後，堂哥告訴我，早年國軍有吃空缺貪污情形，他去接任台中干城營房營長時，一個營編制應有四百多人，但實際才三百多人，須要看守豐原直到嘉義等地日軍遺留庫房，所以台中干城營房看守住軍人數實際約三十人左右。

陸、堂哥李增穀被謝雪紅二七部隊
俘擄：遇到貴人

　　二二八事件發生後，中共地下黨謝雪紅正式出面領導中共在台地下黨成員組織所謂「二七」義勇軍，二二八事件中，全台各地暴民自然有了打劫機會，毆打外省人，攻佔派出所搶武器。謝雪紅借力使力，自然她的「二七」部隊實力：人員與武器均大於台中干

城營房守軍，所以干城營房很快被攻陷，我堂哥李增毅被俘，關押在豐原民房裡。堂哥李增毅是個帥哥，運氣又好，民房屋主兩個女兒覺得這帥哥不像壞人，沒幾天半夜裡給他穿上鄉下農裝把他放了，他走到派出所表明身分聯絡上台大醫院培訓的助產士大嫂楊巧女士與她老爸救回到台北。數十年後，堂哥生前曾約我去豐原找救命恩人，因時空環境變易，沒找到當年恩人（早期二二八事件調查有訪問我堂哥紀錄，我曾見過紀錄書本，但民進黨隱藏此紀錄）。

毛澤東（前中）與謝雪紅（後左）

柒、中共已承認領導二二八事件

　　台灣名作家楊渡也說：二二八表面上看起來是偶然事件，官逼民反事件，實際上仍然是地下組織隱形政府存在並統一指揮。在組織領導學理上，楊渡先生說的合乎情理。

　　佔領各地電台，佔領派出所，攻打台中干城營區，攻打高雄要塞最能證明老共地下黨組織統一指揮的功能。

　　群眾從不滿到暴動，是需要有動員的過程的。群眾的集結，如果不是有人帶領，只是幾個人上街喊一喊也沒什麼用。但因集體不滿，就成為四處爆發的省籍衝突，情況就失控了。中共每年二二八當日均有紀念活動，並已正式立碑紀念。

北京的二二八紀念碑

捌、蔣公是二二八事件元兇
是羞辱蔣公之詞

　　抗戰勝利後，全中國 35 個省幾乎遍地烽火，中共全力爭取佔領全中國，落實毛澤東所倡導「以鄉村包圍城市」戰略。內戰中，國民政府犯了許多嚴重錯誤，國民黨不團結；新疆盛世才、山西閻錫山、四川楊森、雲南龍雲哪有尊重蔣介石的領導？國府裁軍也是失策：結果裁撤的軍人全投入共軍。其次國府將台灣駐軍一個師也調回大陸，人數不足還在台募集補充之，其中住民生活困難投軍人數較多。

　　數十年來，在台一些人搞西方民主運動，無可厚非？但先說是陳儀是貪官，造成官逼民反，釀成二二八事件，尚有些政客隨之附和。後來搞民主運動民主人士改口攻擊蔣公，說他是元兇，指責蔣公在南京國府任主席時下令鎮壓二二八事件，蔣公當年為應付國共內戰已是焦頭爛額，我們可以臆測：當年蔣公只是根據陳儀緊急電文：頂多批示：依法處理。

玖、民進黨操弄二二八事件獲益執政

　　每年到二二八事件時期，民進黨人總要操弄一番；蔡英文也常說：要查明真相，要查明什麼樣的真相？李登輝、馬英九都以總統身分向受難家屬作了道歉，台北新公園也改為二二八紀念公園，還建了二二八紀念館、也訂定了二二八受難者賠償條例，申請賠償共八百多人。頃向台獨的李筱峰說：二二八台人被殺一二萬人，按台灣同胞身邊多有親人，不可能知而不申報，請求賠償。只有外省人受害後，遺族回大陸，無處申冤。

　　今年民進黨人又再鼓動仇恨，說蔣公是元兇，要廢中正紀念堂。每年二二八就有人煽動仇恨一番，製造族群分裂，對台灣有什麼好處。今日民進黨是執政黨，要為建設台灣負責，不宜再以黨外、或反對立場思維治理國政。

拾、轉型正義應還蔣公、陳儀公道

　　查閱民國史，民國 35、36 年間蔣中正忙於國共內戰及立憲政治措施，陳儀請兵也是平亂的正常行為

（台灣原住有一個師的軍隊，陳儀為支持蔣公剿共並減輕台民軍費負擔，同意蔣公調走了一師正規軍，當時台灣僅保留了五六仟人保安團）。蔣公領導國共內戰，雖以失敗告終，但 1949 年蔣公以國民黨總裁身分裁示：將部分國軍轉進台澎，保障了台灣安全，蔣公並令將中央政府人員、重要文物、故宮寶物、央行黃金等運台，穩定台灣政局，沒蔣中正果斷的決定，會有今日台灣？民主運動人士口口聲聲：民主、人權、公義，基於公義立場，民進黨不但不應計劃拆除中正紀念堂，更宜以公義立場向蔣公致敬感恩。

　　二二八事件發生後，民間常訛傳陳儀是貪官，其實童年來台因住家距省府辦公廳很近，外省公務員夜晚無去處常來家中與老父小酌餐敘，悉知陳儀在台實行新政：民國 35 年在台首次辦理鄉鎮長選舉，這在中國歷史上從來沒有過的。其次實施公地放領、降減田租等等措施都是親民、愛民的行為。個人覺得陳長官是飽讀詩書的清廉之士，陳長官任用的官員亦多是才學之士。像嚴家淦總統、孫運璿院長就是原台灣行政長官公署團隊重要人員，所有追隨陳儀的人士大部留任後來成立的台灣省政府當幹部。當年台灣行政長官公署這麼大單位，難免不肖份子貪瀆肯定會存在，但不能因而全部否定陳儀的政績。

拾壹、執政者放大格局：放下仇恨寬恕包容

　　民進黨人士常鼓動要追究二二八真相;怎麼追法，70年過去了，當年有責任或相關的人物都不存在了。當年省籍優秀同胞張七郎父子、陳澄波，王添灯、吳鴻謀等同胞不幸遇難，李登輝、馬英九任總統時一再向受難者致悼，展現政黨、族群和諧之相。

　　如今是民進黨完全執政，民進黨是仿西式民主政黨，一向高唱：自由、民主、人權、公義。民進黨應反思台灣今後何去何從？筆者建議民進黨：既擁抱西式民主，就宜採西方基督教思維，應放下仇恨種子，展開寬恕。更宜擁抱佛家慈悲情懷，放大格局：在二二八追悼會時，也應向二二八事件中外省受難亡魂致悼，向對台建設有功的蔣中正總統、陳儀主席致悼。民進黨倘若有大格局，更宜在蔣公逝世紀念日舉行正式儀式，在中正紀念堂向蔣公銅像獻花致敬，屆時CNN.BBC.記者會向全世界發訊息:台灣民進黨是真正的現代民主進步黨。

長河終歸流大海

沈遠蓬

　　史書三國演義開宗明義揭示：「所謂天下大勢，合久必分，分久必合」，分分合合，合合分分，固有著歷史的因果與宿命，然而，每念江山幾局殘，荒城何年息烽火，一壺濁酒漫看秋月春花，幾句笑談總在漢疆唐土，足見天下大一統的盛世，不但是人心的歸向，更是歷史的主軸，在統一的時候，如唐、宋、元、明、清，史家稱為「朝代」，在沒有統一的時候，如春秋、戰國、南北朝、三國等，史家稱之為「時代」，證諸史實，早在西元前 221 年，秦朝結束了春秋戰國，首先實現了民族大一統的局面，接著西元 280 年，三國紛爭之後第二次統一歸於晉朝，接著西元 589 年，魏晉南北朝後第三次被隋朝統一，接著西元 979 年，五代十國後第四次一統於宋朝，至於一些偏安政權如明末鄭氏王朝等，更是迅速之被統一，一部三千年的中國民族史，幾乎都是在大一統的局面下，璀璨擴展，壯麗完成，撫今追昔，談古論今，僅就中華歷史上，政權最為戰亂不斷，動盪不已，大混亂，大破壞的魏晉南北朝及五代十國兩個時代，加以印證，淺談今後統

獨的必然走向。

壹、魏晉南北朝五胡十六國時代

魏晉南北朝係西元 220 年曹丕篡東漢帝位，自立曹魏開始，至西元 589 年隋朝楊堅滅南陳重新統一結束，是中國歷史上一段長達三百六十九年的時期，也有相當長的時間處在南北對峙的狀態。

曹魏政權自西元 220 年至西元 266 年，僅存四十六年，旋即為司馬炎的晉政權取代，自西元 266 年至西元 316 年，亦僅存五十年而已，這段時代是為西晉時期，但由於政局更迭頻繁，且有多個政權並存的局面，史稱五胡十六國，十六國係由匈奴、鮮卑、氐、羌、羯等五族含少數漢族組成，計有漢趙等十六個以上的小朝廷，每個國祚多則如前涼有六十三年，短則如南燕僅十三年，這些軍閥的領域都在北方，縱在如此亂多於治，分多於合的年代，亦曾出現三次難得統一的局面，第一次是由前秦符堅統一有二十年，嗣後直到西元 439 年北魏拓跋珪是第二次統一達一百五十年，之後北魏分裂為東魏與西魏兩個朝廷，東魏維持十六年，西魏維持二十二年，國號先後又為北齊和北周替代，直到西元 577 年北周宇文邕第三次又統一了北方，四年後即西元 581 年楊堅滅北周建朝為隋，此

乃北朝時代。

　　西元 316 年司馬睿南遷建立東晉，南朝開始，歷經四個政權計一百零三年而結束，其間，西元 420 年東晉被劉裕建立的劉宋取代，劉宋政權維持了五十九年，西元 479 年被蕭道成建立的南齊取代，政權亦維持了二十三年，西元 502 年南齊又被蕭衍建立的蕭梁取代，政權亦維持了五十五年，西元 557 年蕭梁又被陳霸先建立的南陳取代，政權亦維持了三十二年，最後，西元 589 年楊堅滅南陳，南北對抗結束，中國再度大一統。

　　在這個時期的歷史舞台上，由於曾經有過一百五十年的統一局面，北方的政治經濟等民生，均得到短暫的休養生息，北魏的漢化政策，由此得到了長期孕育的溫床，既帶來了中國史上最偉大的民族大融合，也奠定了中國以後幾百年在中原的基本制度，而漢化政策與政治制度的正確，也創造了太平安定的一百多年歲月，相互昭彰，影響深遠，然其餘則只有軍閥利益與族群衝突，殺燒虜掠，擁兵自重，開國封號，逐鹿爭霸，致先後陸續建立的政權，享國平均都不到五十年而亡，真可謂曇花一現，目不暇給，雖然，南北對峙有近四百年的亂世，但也不過是歷史長河中的一段小波浪，但是，南北朝的最終統一，對後世中國大一統思想的形成，卻也產生了積極的作用。

貳、五代十國時代

　　五代十國也是中國歷史上最為四分五裂的一個時期，起於西元 907 年由唐朝滅亡開始，終於西元 979 年宋朝統一大部分漢地為止，五代是西元 907 年至 960 年，十國是西元 902 年至 979 年，五代十國是兩者的合稱，五代是主角，十國是配角，總共僅有七十二年的春秋。

　　唐朝滅亡後，各地藩鎮紛紛自立為國，其中位在華北地區，軍力強盛的國家即五代，部分則是由沙陀族所建立，雖然五代實力較為強大，但仍無力控制整個中國本土，只是割據的地方朝廷，西元 907 年朱溫篡唐建立後梁，其政權僅維持十六年，西元 923 年李存勗滅後梁建國後唐，維持了十四年，西元 936 年石敬瑭引契丹軍攻滅後唐，建立後晉，維持了十一年，西元 947 年契丹軍南下滅後晉，建立遼朝，同時，劉知遠在太原府也稱帝建立後漢，維持四年，西元 951 年郭威篡後漢建立後周，亦維持了九年，隨後被殿前司都點檢趙匡胤所推翻，建朝稱宋，五代於焉結束。

　　而其他割據一方的藩鎮，或自立為帝，或奉中原王朝為正統，其中十個國齡略長，國力略強的國家被統稱為十國，疆域大都散佈在長江流域及華東華南一

帶，首先是西元 902 年楊行密建立了吳國，維持了三十五年，西元 903 年王建成立了前蜀，維持了二十二年，西元 907 年錢鏐建立了吳越，政權維持稍長的七十一年，西元 909 年王審知建立了閩國，維持了三十六年，西元 917 年劉龑建立了南漢，維持了五十四年，西元 924 年高季興建立荊南，維持了三十九年，西元 927 年馬殷建立了南楚，維持了二十四年，西元 934 年孟知祥建立了後蜀，維持了三十一年，西元 937 年李昇建立了南唐，維持了三十八年，西元 951 年劉旻在北方建立了北漢，維持了二十八年，西元 979 年被北宋趙匡胤攻滅，十國於焉告終，基本上又回歸了全國的大一統局面。

綜觀這個時期的歷史，戰亂不斷，烽火連天，時常發生地方大員叛變奪位的情況，的確是最為錯綜複雜，最為分裂殺伐的年代，由於各個地方諸侯的權臣通常是前朝的大軍閥，毫無節操，爭權奪勢，竊國篡位，偏安一隅，致每個割據政權，都是短命王朝，其歷史主權也都是大國併吞小國，而不是小國征服大國，五代時期平均國祚不到十一年，十國時期平均國祚不到三十五年，難怪史家將這個年代，因「上有暴君，下有酷吏」，而稱之「五季」，意指末代小朝廷，亦有「朱李石劉郭，梁唐晉漢周，都來十四帝，播亂五十秋」之嘆，歐陽修也常在編修這段歷史時，以「嗚呼」開頭表達由衷的無奈與悲哀，尤其，各個王朝地小國

弱，你爭我鬥，統治者多重武抑文，強幹弱枝，不但
自顧不暇，難以自保，同時，也改變了當時的國際外
交情勢，如契丹軍輕而易舉的南下滅後晉，建立了以
後經常威脅大宋的遼朝，又如位於河西走廊一帶的黨
項族「定難軍」，也成了後來的西夏，逐漸獨立，屢屢
叩邊進犯北宋，而廣東以南的「靜海軍」即交趾，也
就後來的越南，自此脫離中國統治而獨立，誠為中國
歷史疆域上的千古遺憾，嚴重影響了中國南疆的國防
戰略，迄今猶是。

叁、結　語

　　唐太宗曾謂：「以銅為鑑，可以正衣冠，以人為
鑑，可以明得失，以古為鑑，可以知興替，」從中國歷
史的軌跡及改朝換代的實況檢視，四百五十年的魏晉
南北朝及五代十國兩個亂世時代，終究只是三千年歷
史中的逆流，滄海一粟而已，事實上，由於國土的遼
闊和多樣性，國家一旦陷入分裂分治，支離破碎，必
然造成民不聊生，國力積弱，甚至，遭致外族大量入
侵殖民，反之，則必然形成經濟繁榮，社會安定，文
化鼎盛，軍事強大，外交順利等等綜合國力的提昇，
為世所尊，所以，國家最重要的職責之一，就是維護
國家的一統，何況，對中國人來說，最寶貴的觀念是

歷史文明，更重要的政治價值觀就是文明國家的完整和統一。

　　同時，盱衡當今的國際現狀與地緣政治，仍是講求實力與現實的原則，同一民族的偏安政權，在對比上顯然生存困難，所有弱勢的小國，都是被強勢的大國所取代，沒有獨立分裂的條件，烏克蘭之於俄羅斯即是如此，加泰隆尼亞之於西班牙更是如此。

　　總之，國父孫中山先生也曾說：「世界潮流浩浩蕩蕩，順之者昌，逆之者亡，改革和發展是大勢所趨，人心所向，相信到本世紀中葉的時候中國將成為一個偉大的統一國家」，適足強調，分裂只是過程，統一才是目的，合則兩利，分則必害，中國人統獨的必然走向，不言可喻，這是歷史永遠不變的鐵律，中外皆然。